Giordano Bruno

Das Böse der Mächtigen

Christoph Lanzendörfer

AF176181

© 2023 Dr. Christoph Lanzendörfer, auch der Fotografien
Herstellung und Verlag: BoD – Books on Demand, Norderstedt
ISBN: 9783751937986
Printed in Germany
Das Werk, einschließlich seiner Teile, ist urheberrechtlich ge-
schützt. Jede Verwertung ist ohne Zustimmung des Verlages und
des Autors unzulässig. Dies gilt insbesondere für die elektronische
oder sonstige Vervielfältigung, Übersetzung, Verbreitung und öf-
fentliche Zugänglichmachung. Bibliografische Information der
Deutschen Nationalbibliothek: Die Deutsche Nationalbibliothek
verzeichnet diese Publikation in der Deutschen Nationalbibliogra-
fie; detaillierte bibliografische Daten sind im Internet über
http://dnb.d-nb.de abrufbar.

Giordano Bruno

Das Böse der Mächtigen

Ein Essay

Christoph Lanzendörfer

g.

Der Rauch der Feuer und der Geruch des verbrannten Menschenfleisches über dem *Campo dei fiori* in Rom sind längst verflogen. Und doch bietet dieser Platz, obwohl er schon immer ein Marktplatz für schöne Blumen (und Gemüse) war, trotz aller aktuellen lärmender Wuseligkeit schreiender Marktbeschicker oder knatternder Vespas auch heute noch ein gruseliges Gefühl, wenn wir zu Füßen des Denkmals von Giordano Bruno stehen, der genau an diesem Platz am 17. Februar 1600 verbrannt wurde – oder das, was von ihm nach knapp acht Jahren Kerkerhaft und Folter in den Verliesen des Vatikans noch übrig geblieben war.

Abb. 1. Auch heute noch ist Blumen-, Obst- und Gemüsemarkt auf dem Campo dei fiori. Giordano Bruno schaut zu. Ob er sich über so viele Menschen freuen würde…?

Er war nicht der einzige, der dort verbrannt wurde, am lebendigen Leib, wie es sich als Strafe für als Ketzer denunzierte Andersdenkende geziemte. Meist wurde diese ungeheuerliche Grausamkeit in einem *Autodafé* durchgeführt: im öffentlichen Schauspiel des „Glaubensaktes", einem *actus fidei* (span. und portug.: *auto da fé*). Zu Ehren des Allerhöchsten loderten dann die Feuer, wobei das Zischen der Flammen und das Knacken des glühenden Holzes mit dem Brüllen der Verzweifelten um die Wette schrien. Mitleid zu zeigen war den Inquisitoren verboten, denn Mitleid war eine List des Teufels.

Ein Glaubensakt war es nach Ansicht der Kirche ganz offensichtlich, Gottes Ebenbilder[1] unter mörderischen Qualen zu liquidieren - mitleidlos.

Alleine diese Strafandrohung war so vernichtend, dass viele wie Galileo Galilei lieber entgegen eigener Überzeugung einem Satz abschworen, sei es auch um den Preis lebenslanger Kerkerhaft (die bei Galilei dann abgemildert wurde in lebenslangen Hausarrest), als sich dieser Marter zu unterwerfen. Giordano Bruno widerrief nicht. Wahrscheinlich hätte es seine „Strafe" auch nicht wesentlich entschärft, zum Tode wäre er auf jeden Fall verurteilt worden, *gnadenweise* wäre er vielleicht vor dem Verbranntwerden erdrosselt worden. Als am 8. Februar 1600 seine Verurteilung ausgesprochen wurde, habe er angeblich seinen Richtern gesagt: *Maiori forsan cum timore sententiam in me fertis quam ego accipiam* (Ihr verkündet vielleicht mit

---

[1] Gen. 1, 26: *„Und Gott sprach, lasset uns Menschen machen, ein Bild, das uns gleich sei."* Daraus ergibt sich: Gott war ursprünglich nicht nur einer („uns") und Mann und Frau wurden gemeinsam („Menschen") als Ebenbilder Gottes erschaffen. Dieses Bibelstück schöpft ganz offensichtlich aus einer anderen Quelle als andere Bibelabschnitte.

größerer Furcht das Urteil gegen mich, als ich es entgegennehme). Die Aussage ist nicht sicher belegt (genau so wenig wie auch Galileis *Eppur si muove* zum Ende seines Prozesses: Und sie bewegt sich doch!), würde aber zu Giordano Bruno passen: Unbeugsam, zynisch und von seiner Sache überzeugt bis zum bitteren Ende.

***

Jedes Denken steht in einer Tradition. Aus ihr entwickeln sich, teilweise vielleicht nur schwer erkennbar, neue Gedanken. Es lassen sich Brüche oder etwas milder formuliert: Neuansätze finden, in denen bisheriges Denken aufgeht. Kuhn (1973) hat das „wissenschaftliche Revolutionen" genannt. Umwälzungen beginnen auch mit Freude und Spaß an neuen Gedanken. „Es ist eine Lust zu leben", rief Ulrich von Hutten (1488-1523) aus und beschrieb damit die vielen neuen Ideen und deren Auseinandersetzungen, mit den sich der Humanist befasste.

Um Giordano Bruno zu verstehen, müssen wir uns auch etwas mit seinen geistigen Vorgängern beschäftigen.

Philosophie und Theologie waren in der beginnenden Neuzeit eins. Die Philosophie wurde als *ancilla theologiae*, als Magd der Theologie, bewertet und sollte keine andere Funktion haben, als die Dogmen der Kirche argumentativ zu unterstützen. Im 14. und 15. Jahrhundert begann sich der Humanismus zu regen, Florenz gar war bereits eine Hochburg, aber ansonsten lag Europa unter dem Mantel der von Franziskanern und Dominikanern geführten, am Ende alles erstickenden Scholastik. Im scholastischen Denken ging es vornehmlich um geistige Auseinandersetzung. Die Natur und ihre Abläufe spielten keine Rolle. Im Gegenteil: Wer sich außerhalb von Astrologie mit den Sternen beschäftigte, sah sich oft den Vorwürfen von Okkultismus und im schlimmsten Fall Ketzerei ausgesetzt. Es galt noch der Glaube an die wörtliche Wahrheit der Bibel. Neue Ideen entsprangen deshalb oft der Peripherie des katholischen Einflusses, sehr häufig bildeten sich dann dort Epizentren geistigen Schaffens. So gab es beispielsweise mit Duns Scotus oder William von Ockham schottisch-englische Gelehrte, die eigene Schulen gründeten und wesentlichen Einfluss auf die Entwicklung hin zu einer die Natur wissenschaftlich begreifbar zu erfassenden Erkenntnis mitgestalteten, jedenfalls mehr und inhaltlich verstehbarer als nur in Glaubensdogmen beschrieben. Die Scholastik hatte sich gewandelt von einer offenen Disziplin zu einer alles andere ausschließenden Dogmengläubigkeit. Eigentlich war die Scholastik ursprünglich Freizeitbeschäftigung (das lateinische Wort *schola*, dem deutschen *Schule* entsprechend, stammt ab vom griech, $\sigma\chi o\lambda\eta$: Muße, Müßiggang), wurde dann aber zu einem philosophischen Instrument der Beweisführung, indem eine Behauptung, These, auf ihre Plausibilität hin untersucht wird. Diese Methode lehnte sich an Aristoteles an, der eine Klärung strittiger Ansichten durch theoretische Abklärung forderte. In der Hochblüte der Scholastik hatte sich allerdings ein starres Gebäude entwickelt, indem es nur noch darum ging, theologische Dogmen zu bekräftigen. Frank Rexroth (2018) schildert in seinem erfrischenden Buch „Fröhliche Scholastik" andererseits auch die Wende aus diesem Erstickungstod, indem sich Lehrer und Studenten zu Gruppen zusammensetzen und frei diskutieren[2].

Das lange durch Handschriften tradierte Wissen nahm mit Beginn der Renaissance zu und wurde mit der Erfindung des Buchdrucks weiteren Kreisen zur Verfügung gestellt. Der US-amerikanische Historiker Stephen Greenblatt (2013) bezeichnet deshalb Gianfresco Poccio Bracciolini (1380-1459) de facto

---

[2] Rexroth sieht in der beginnenden Scholastik einen Ausbruch an Wissen und Gelehrsamkeit, ungebunden, nur einem Ziel: dem der Bildung, verpflichtet. Mit der Errichtung von Universitäten ab Ende des 11. Jahrhunderts (die erste allgemeine Universität wurde um 1088 in Bologna gegründet, die älteren ähnlichen Einrichtungen in Parma und Salerno waren eher medizinische Hochschulen) wurde die Bildung eingezwängt in Regeln und Formularien.

als den Begründer der Renaissance. Poccio war Sekretär des florentinischen Politikers Coluccio Salutati (1313-1406) und gelangte dann als Schreiber in den Dienst von Baldassare Cossa (1370-1419), der als Papst Johannes XXIII einer der drei Päpste war, über die das Konzil von Konstanz zu entscheiden hatte (als das Konzil Cossa verurteilt und abgesetzt hatte, wurde sein Name aus der Papstliste gestrichen, so dass 650 Jahre später einer der besten Päpste überhaupt diesen Namen übernehmen konnte: Der venezianische Patriarch Giuseppe Roncalli, Papst Johannes XXIII von 1958 bis 1963). Poccio entdeckte 1417 in einem deutschen Kloster das Manuskript, das die Renaissance einleitete: *De rerum natura* von Lukrez. Und: seine gestochene Handschrift ermöglichte erst das Lesen von sonst als unleserlich geltenden Manuskripten. Entwickelt aus der karolingischen Minuskel wurde schließlich seine Handschrift Vorbild für bewegliche Lettern, in denen der Buchhandel fortan druckte. Heute noch verwenden wir eine daraus abgeleitete Schriftform auf unseren Computern: Alle Schriftformen, die auf *roman* basieren, stammen aus der Renaissance von Poccio (Greenblatt, 2013, S. 126 f).

Mit der Renaissance erwacht auch langsam das Gefühl für die Subjektivität des Menschen. Dies anfangs nicht im Gegensatz zur Religion, sondern sogar im Einklang mit ihr. Dafür steht Nikolaus Krebs aus dem Moseldorf Kues (latinisiert zu Nicolaus Cusanus, 1401-1464). „Dass Cusanus diese spekulative Forderung, die er stellt, in seiner eigenen Gedankenwelt erfüllt hat, und dass er sie im Kreise der Kirche erfüllen durfte: Das macht seine einzigartige Stellung in der Kirchengeschichte und in der allgemeinen Geistesgeschichte aus" (Cassirer, S. 43). Er hatte in diese Starrheit erstmals etwas Neues gebracht: Er hatte die Natur, von der Scholastik völlig ausgeblendet, wieder in das Denken gebracht.

Beschäftigen wir uns kurz mit Brunos geistigem Vorgänger Nikolaus.

Schon in seiner allerersten Schrift (mittlerweile als *Sermo I* definiert) von 1430 beschäftigt er sich mit der Trinitätslehre und kommt zu neuen Ergebnissen. Zu diesem Zeitpunkt war er erst 29 Jahre alt. Seine Studien hatte er in Heidelberg und Padua absolviert. Dort wurde er auch 22-jährig promoviert. Er war noch kein geweihter Priester (das wurde er erst 1436), dennoch war der Sermo I die Weihnachtspredigt, die er in Trier hielt. Er predigte dort, die Trinität als *necessario*, als (Denk-)Notwendigkeit, bewiesen zu haben, denn sie komme im täglichen Leben als: Tätiges, Objekt und Tätigkeit vor. Eigentlich kommen ähnliche Gedanken schon beim mallorquinischen Denker Roman Lull (1232-1316) in Ansätzen vor. Lull hat Nikolaus stark beeinflusst, in der Tat befinden sich noch heute in Kues entscheidende Teile von Nikolaus Bibliothek, darunter sehr viele Schriften von Lull. Diese Linie lässt sich hier sehr gut verfolgen.

Nikolaus wird als Kämpfer der Gedankenfreiheit bezeichnet. Nun ja: Man findet in seinen Schriften auch Aussagen wie diese: Wer gegen den einheitlichen Glauben wirke, sei mit Feuer und Schwert auszurotten, *error est igne et ferro exstirpandus* (Der Irrtum ist mit Feuer und Schwert zu vernichten). Wirklich schreibt Nikolaus konstant von *error*, Irrtum, und nicht *errans*, irrend. „Es nutzt nicht viel", schreibt Kurt Flasch (2008, S. 31), ihm „zugute zu halten, dass er hier vom Irrtum, nicht vom Irrenden spricht. Gegen den abstrakten Irrtum braucht man nicht Feuer und Schwert." Ähnlich rabiat äußert Nikolaus sich in seiner Schrift *De usu communionis*, die die Grundlage eines Gesprächs mit den Böhmen (gemeint sind die Anhänger von Johann Hus) darstellt. In drastischen Worten fordert er ihre Unterwerfung unter die Dogmen der Kirche. „Ich kann mich nicht entschließen, ein Schreiben dieser Tonart ein ‚Glaubensgespräch mit den Böhmen' zu nennen", bemerkt auch hierzu Flasch sehr trocken (a.a.O., S. 73). Zur Vorgeschichte: Ein Vorgänger Luthers, eben Johann Hus, wurde unter dem kaiserlichen Ehrenwort und unter ausdrücklicher päpstlicher Bekräftigung von freiem Geleit zu einem Gespräch zum Konzil von Konstanz (1414-1418) eingeladen, aber sofort nach Ankunft verhaftet und 1415 auf dem Scheiterhaufen lebendig verbrannt. „Hus, lehrte das Konzil, habe als Ketzer keine Rechte mehr besessen, und wer das bestreite, müsse selbst als Häretiker behandelt werden" (Flasch, 2008, S. 212). Dass seine Anhänger danach eher zurückhaltend gegenüber Versprechen dieser christlichen, ja ihrem Glauben gemäß den Nächsten liebenden Machthaber reagierten, lässt sich unschwer nachvollziehen.

Wichtig sind die beiden philosophischen Grundideen, die Nikolaus ausführt. Beide haben eine große Wirkung auf die folgenden Denker.

Gott fasse, so summarisch, alles Gegensätzliche in sich zusammen, Nikolaus prägte das Wort von der *conincidentia oppositorum*, dem Zusammenlaufen der Gegensätze. Diese Koinzidenz betreffe nicht nur Göttlich-Vollkommenes, sondern auch Widersprüche. Eigentlich erinnert dieses Gedankenverfahren an die Hegelsche oder später Marxsche Dialektik. Im Gegensatz zu diesen Prinzipien enden seine Gegensätze nicht in einer neuen These, sondern laufen irgendwann in einen Punkt zusammen. Cusanus erklärt unter diesem Aspekt auch das Minimum zum Maximum, denn das Minimum sei das Maximum an Kleinheit. Die bekannteste Schrift Nikolaus (er nannte seine Schriften stets *libelli*: Büchlein) ist „De docta ignorantia" (in Bd. 1 der

Philosophisch-theologischen Werke, 2002). Die konkrete Übersetzung ist wohl „Gelehrtes Unwissen", aber Flasch übersetzt es mit „Wissen vom Nichtwissen", das komme Cusanus Intentionen am nächsten. Man könne sich der Koinzidenz oder Konkordanz durch die *docta ignorantia*, dem gelehrten Unwissen, nähern. Das Endergebnis der *docta ignorantia* ist die Erkenntnis, dass wir über Gott nichts sagen können. Cassirer (s.o., S. 43) fährt fort: „Es sind die gleichen kosmologischen Lehren, die Cusanus im Jahre 1440 in der Schrift ‚De docta ignorantia' aufstellt, für die mehr als anderthalb Jahrhunderte später Giordano Bruno den Tod, Galilei die kirchliche Verfolgung und den kirchlichen Bann erlitten haben[3]". Letztlich ist diese Schrift auf die aktuelle Situation der Renaissance bezogen. Nikolaus hat sich nicht in der scholastischen Lehrform beteiligt, er schrieb keine Summen als Gesamtabhandlung, ja, er bezweifelte das Hauptinstrument der Scholastik, die *quaesto*, das Fragen, als sinnvoll

Nikolaus von Kues bewies auch 1433, dass die Konstantinische Schenkung eine Fälschung war. Gegen 800 hatten die hochaktiven Fälscherwerkstätten der Kirche ein Dokument entworfen, demzufolge Kaiser Konstantin um 315 Papst Silvester für die vollzogene Taufe das Gebiet des Kirchenstaats geschenkt und ihm den Vorrang vor allen anderen

---

[3] Im Original „...erlitten hat".

Kirchen und Bistümern eingeräumt habe – *usque in finem saeculi*: Bis zum Ende aller Zeiten. Erstaunt fragt Nikolaus, weshalb die Autoren der Antike nichts von dieser Schenkung wüssten. Sie wüssten zwar, wie viele Kerzen und wie viel Weihrauch der Kaiser dem Papst geschenkt habe, aber von dieser doch wohl bedeutenderen Schenkung wüssten sie nichts. Nikolaus hatte die fingierte Schenkungsurkunde ausführlich untersucht und herausgefunden, schon an der Schrift selbst ergäbe sich die Unechtheit. Diese Schenkung spielte eine wichtige Rolle im Mittelalter, lediglich Otto I der Große (912-973, Kaiser ab 962) erkannte das Dokument nicht an, nachdem Juristen seines Hofstaats bereits im 10. Jahrhundert ihre Zweifel an der Echtheit geäußert hatten. Auch sein Enkel Otto III (980-1002, Kaiser seit 996), Sohn einer griechischen Mutter und mit dem Primat des Papstes auch über die Ostkirche nicht einverstanden, verweigerte die Anerkennung mit Bezug auf seinen kaiserlichen Großvater. Bis Nikolaus und nach ihm 1440 der Humanist Lorenzo Valla (1406?-1457) diese Basis des Kirchenstaats als Fälschung entlarvten. Die beiden Schriften, in denen die Fälschung nachgewiesen wurden (*De concordatia catholica* von Nikolaus und *De donatione Constantini* von Valla[4]) wurden von der katholi-

---

[4] Valla fand geschichtliche Unrichtigkeiten, z.B. hieß ‚Constantinopel' zur Zeit der angeblichen Erstellung noch gar nicht so.

schen Kirche versuchsweise unterdrückt, aber gerade die Schrift von Nikolaus war ein dreiteiliges Buch, dass sich auch mit anderen Themen wie Konzilsgeschichte und -theorien, der Trinität oder Fragen von Autorität innerhalb der Kirche beschäftigte. Weite Verbreitung erlangten die Schriften, besonders die von Valla, später infolge der Reformation. Erst nach dem 1. Vatikanischen Konzil (1869/70) wurde auch von der katholischen Kirche die Fälschung des Dokuments offiziell bestätigt. Allerdings gab es ein schmales Fenster von Offenheit, als nämlich gerade der humanistische Papst Nikolaus V Lorenzo Valla zum ‚apostolischen Sekretär‘ ernannte – nach der Veröffentlichung seines Buches.

Ein Punkt, dessen Auswirkung bis in die heutige Zeit reicht, muss noch angesprochen werden: Nikolaus war Anhänger der *negativen Theologie*. Positiv und negativ sind hier nicht als Wertungen aufzufassen, es sind philosophische Konstrukte. Ähnlich kennen wir sie als positive Freiheit (Freiheit als Möglichkeit zu etwas) und negative Freiheit (Freiheit als Fehlen von Beschränkungen wie z.B. Ketten).
Die negative Theologie war eine Auffassung, die auf den kritischen Gehalt Platons zurückgeht. Und damit stand die negative Philosophie schon im

Fadenkreuz der kirchlichen Wahrheitshüter, die seit Augustins Zeiten Aristoteles anhingen.

Negative Theologie betrachtet alle Aussagen zu Gott betont kritisch. Gottbezügliche Aussagen können nicht mit *gut* oder *böse* umschrieben werden, da diese menschenbezüglich seien. Für Gott treffen derartige Aussagen nicht zu. Nur in der negativen Beschreibung, z.B. als der *unendliche* Gott (Negativform von endlich) ließen sich Wahrheiten beschreiben. Menschliche und vermenschlichende Aussagen zu und über Gott können nicht wahr sein, da sie Gott überhaupt nicht anbelangen.

Nikolaus stellte sich diesem Problem besonders in seiner Schrift *De docta ignorantia* (zur Einführung vergl. Flasch, 2008, S. 107 ff). Gott sei das Maximum, dabei natürlich auch das Minimum: Die Koinzidenz der Gegensätze. Einzig die Existenz Gottes sei notwendig und beweisbar. Gottes Sein sei unendlich und keinem Wesen menschlicher Einsicht direkt erkenntlich. Wer das so sehe, erkenne sein „gelehrtes Unwissen" und sei damit der wirklichen Erkenntnis, der Wahrheit nämlich, nähergekommen.

Nikolaus hat mit seinen Schriften wesentliche Impulse gegeben, Giordano Bruno hat ihn ausführlich rezipiert. Der Grundgedanke der negativen Theologie lässt sich bis heute verfolgen. Der Schweizer Theologe Hans Urs von Balthasar (1905-1988) beschäftigte sich intensiv mit diesen Fragestellungen, der italienische Philosoph und Politiker Massimo Cacciari (*1944, 1993-2000 und 2005-2010 Bürgermeister von Venedig für den sozialdemokratischen Partito Democratico, dazwischen Mitglied des Europa-Parlaments) widmete sich dem Thema in direkter Verbindung zu v. Balthasar (Guanzini, 2016; Candia, 2019).

Nikolaus war kein reiner Theologe, er war Kurienvertreter (zweimal zum Kardinal geweiht, einmal von Nikolaus V geheim: *in petto*, zwei Jahre später von Pius II öffentlich; außerdem war er Bischof von Brixen), er war Politiker und Diplomat als Gesandter der Kirche in Frankreich, Deutschland und im Osmanischen Reich – und er war Philosoph. Er kannte die großen Persönlichkeiten seiner Zeit, galt gar selbst als *papabile* (als Papst möglich und vorstellbar). Er war befreundet mit Tommaso Parentucelli (1397-1455), der seit 1447 Papst Nikolaus V war, und mit Enea Silvio Piccolomini (1405-1464), seit 1458 Papst Pius II. Beide waren hochgelehrte Literaten, unter Nikolaus V bekam Rom seine überhaupt erste Bibliothek und weitere Bildungseinrichtungen.

Beide hatten bereits vorher viel veröffentlicht, Piccolomini auch viel Belletristisches[5].

---

[5] Es war das Zeichen der Renaissance, auch durchaus „schlüpfrig" zu schreiben (z.B. Giovanni Boccaccio, 1313-1375: Das

Die Philosophie begann sich mit diesen Ereignissen von der Theologie zu lösen. Beginnend mit Nikolaus von Kues und Marsilius von Padua (1275-1343), fortgesetzt durch Pico della Mirandola (1463-1494) und anderen begann sich ein langsames Absetzen von der reinen Geistesphilosophie in eine auch die Natur und die soziale Umwelt berücksichtigende Philosophie. Galileo Galilei (1564-1642) hatte dann einen Schwerpunkt seiner Lehren in Mathematik und Physik gelegt. Damit begannen aber auch die Grundpfeiler der katholischen Dogmatik zu schwanken: Aristoteles Philosophie und damit ganz besonders der oberste Lehrer der Catholica, Thomas von Aquin (1225-1274), der die Top-Position der Kirche erklommen hatte: er wurde 1567 zum *Doctor ecclesiae* (Kirchenlehrer) erhoben, damit höher als „Normalheilige". Die meisten dieser Personen begegnen Bruno im Laufe seines Lebens direkt oder indirekt.

Decamerone). So schrieb Piccolomini u.a. auch eine wunderschöne Liebesgeschichte (1984), die im Kern ein Soft-Porno ist. Mit der „Traktionsbulle" zog Pius II seine belletristischen Werke später zurück. Volker Reinhardt stellt Piccolomini in seiner Biographie gleich einleitend vor: „Für Liebhaber witziger und erotischer, sprich heidnischer Texte in geschliffenem Latein war der Name Enea Silvio Piccolomini ein Markenzeichen" (2013, S.7)

Philosophen und Theologen ab der Mitte des 16. Jahrhunderts sahen sich nun einer größeren Gedankenfreiheit gegenüber, die allerdings scharf überwacht wurde von der Inquisition, dem Verfolgungsinstrument der Kirche, insbesondere gegen den aufstrebenden Protestantismus. Ein Opfer unter Zigtausenden: Giordano Bruno.

***

Filippo Bruno wurde 1548 in Nola geboren, unweit von Neapel, ein paar Kilometer entfernt am Hang des Vesuvs. Sein Vater war der Berufssoldat Giovanni Bruno, wahrscheinlich ein Offizier, seine Mutter war Flaulisa (oder Fraulissa?) Savolina. Er wuchs in bescheidenen, aber nicht ärmlichen Verhältnissen auf, ein Leben als Berühmtheit war ihm bei seiner Geburt mit Sicherheit nicht geweissagt worden. Latinisiert nannte er sich für lange Zeit „Jordanus Brunus Nolanus", der Nolaner. Er scheint sich also mit seiner Heimatstadt identifiziert zu haben. Er muss allerdings auch mitbekommen haben, dass 1566 der Nolaner Pomponius di Algeria von der Inquisition zum Tode verurteilt und in ein Bad „von Pech und siedendem Öl" getaucht wurde. Sein todeswürdiges Vergehen für diese grausamste Marter: Er glaubte an Gott auf andere Weise, er war Lutheraner (Wehr 1999, S. 20).

Etwas Kurioses am Rand: Der deutschtümelnde Herausgeber und Übersetzer von Brunos Schriften („Ich fasste den Plan, die Werke des Nolaners, soweit es in meinen Kräften stände, in unser geliebtes Deutsch zu übertragen", Einleitung in: Bruno, 1904 Bd. 1, S. 2) war Ludwig Kuhlenbeck (1857-1920). Er fühlte sich einem auf Ungleichheit basierendem Rassismus verpflichtet, ohne dabei die Superiorität einer Rasse primär als gegeben vorauszusetzen. Kuhlenbeck verweist in seiner Einführung zu den Schriften Brunos besonders auf Houston Stewart Chamberlain (1907) und Heinrich Driesmans (1901). Heinrich Driesmans seinerseits zitiert ohne Seitenangabe Heinrich von Stein, der einen längeren Absatz schließt: „... es ist dies der künstlerische Zug des philosophischen Erkennens" (1900, S. 30). Und daraus formt Driesmans: „Giordano Bruno ist ein typisches Beispiel für die germanische künstlerische Veranlagung" (S. 103). Diese germanische ideelle Abkunft ergänzt Driesmans durch die „Blutlinie der Mutter": Fraulissa sei als germanischer Name „eine äußerliche Bestätigung für die Herkunft Brunos" (S. 104) – auch wenn sie wahrscheinlich gar nicht so hieß[6]. Von Stein wird übrigens nicht

---

[6] Driesmans kann übrigens nicht durchweg als konservativer Holzkopf gewertet werden. In der von ihm herausgegebenen Zeitschrift „Deutsche Kultur" wendet er sich dezidiert und sehr offen gegen die Ehrsüchtelei der Gesellschaft, besonders

weiter zitiert, auch wenn er nur wenige Seiten später (S. 39) erläutert, dass nicht alleine Auffassungsgabe, sondern Seele die Erkenntnis zusammenfasse. Von Stein hat sich zeitlebens kritisch, aber wohlwollend mit Bruno beschäftigt, auch seine Habilitationsschrift „Über die Bedeutung des dichterischen Elements in der Philosophie des Giordano Bruno" von 1881 galt dem Nolaner.

Gewagte Thesen zu einer germanischen Geisteslinie Brunos erschüttern zumindest den heutigen Leser und die aktuelle Leserin, wenn Kuhlenbeck erklärt: „Man hat auch erkannt, dass Giordano Bruno sozusagen vermöge Kontinuität des Keimplasmas von vornherein dem deutschen Geistesleben gehört hat ... [Es] haben zwei so ausgezeichnete Rasseforscher, wie Chamberlain und Driesmans aus dem geistigen Charakter des Nolaners dessen vorwiegend germanische Blutmischung erschlossen ... [Chamberlain] sieht in dem Scheiterhaufen Brunos ein sichtbares Symbol eines täglichen, allseitigen Kampfes gegen das Germanische" (a.a.O., S. 3 f): Chamberlain schreibt das tatsächlich so: „Der Galgen Arnold's von Brescia, die Scheiterhaufen Savonarola's und Bruno's, die Folterzangen Campanella's und Galilei's sind nur sichtbare Symbole eines täglichen, allseitigen Kampfes gegen das

---

der Offiziere, und gegen die Duelliersucht (Driesmans, 1906). Sehr mutig in einer durchweg militarisierten Gesellschaft.

Germanische … wer auch nur einiges über ihre [i.e. der Jesuiten, CL] Tätigkeit in Italien erfährt … wird sich nicht mehr über das plötzliche Verschwinden alles Genies, d.h. alles Germanischen wundern" (Chamberlain, 1907, 2. Band, S. 831). Genie = Germanisch, so dachten Driesmans, Chamberlain und deren geistige Nachfahren wirklich. Die ‚germanische Blutlinie' und damit das Geniale bei Bruno sei durch einige deutsche Landsknechte, die in der Gegend von Neapel kampiert hätten, hinreichend zu belegen.

Das ist natürlich eine durchaus muntere Erzählung: Das Geistige, Mutige und Weitsichtige, das Brunos Philosophie prägt, sei germanischen Ursprungs. Die Bildung in den ältesten und größten Universitäten der damaligen Welt, die Diskussionen und die Studien in Neapel, Padua, Genf, Toulouse, Paris, London und Wittenberg seien nichts gegen etwas willkürlich oder gewaltsam verstreuten Landknechtssamen eines germanischen Söldners. Formidabel. Und schnell abzuhaken. Interessant auch, dass in keiner der Biographien oder Berichte über Bruno dieses mutige Hirngespinst überhaupt und schon gar nicht ernsthaft diskutiert wird. Zur Erklärung dieses Absatzes: Zu Beginn des 20. Jahrhunderts, in einer Zeit fast trunkener Germanophilie, blühten derlei Erzählungen über Brunos geistesgermanische Abstammung auf. Sie verschwanden schnell.

Filippos Eltern ließen ihn in Neapel zur Schule gehen, belegt ist er ab dem 11. Lebensjahr dort gewesen. Im Alter von 14 Jahren geht er ins *Studio*, der freien Universität Neapels. Die Gründung dieser Universität geht noch auf den Freigeist Kaiser Friedrich II zurück, der Neapel zur zentralen Bildungsstätte erweitert hatte. Aber schon mit 17 Jahren wechselt Bruno ins Kloster San Domenico Maggiore, ein, wie der Name schon sagt, Dominikanerkloster. Es ist ein altes Kloster mit weit hallender Vergangenheit: Schon Thomas von Aquin hatte hier studiert, also drei Jahrhunderte vor Bruno. In dem Kloster las Bruno alles, was Buchstaben hatte. Die gesamte Bibliothek muss er durchgearbeitet haben. Und das waren nicht nur theologische Werke, sondern auch Philosophie, etwas Poesie, Naturlehre und das neue Fach der Kosmologie.

Bei der *Profess* von 1565, dem Ordensgelübde, schwor Filippo Bruno die drei Mönchsgelübde: Armut, Ehelosigkeit und Gehorsam. Er war damit Dominikaner und nahm den Namen Giordano an, den er bis zu seinem Tod behielt. Damit nannte er sich nach Jordan von Sachsen, dem zweiten Ordensmeister des *ordo praedicatorum*, des Predigerordens, also der Dominikaner.

Es mag der „verhängnisvollste Schritt seines Lebens" gewesen sein, wie die US-amerikanische

Historikerin Dorothea Singer (n. Kirchhoff, 1980, S. 25) meint. Von unserer Sicht aus, nach seinem Tod, mag das stimmen, wie aber hätte Bruno sein Talent entwickeln und seine Wissbegier anders befriedigen können als in einem Orden? Die Orden, besonders die Franziskaner und die Dominikaner, waren Träger der Bildung mit eigenen Ordensschulen und letztlich auch mit der Besetzung der Universitäten. In Europa bildete nur Venedig eine bemerkenswerte Ausnahme: Die staatliche und nicht durch Orden getragene Universität Venedigs war die im benachbarten Padua, wohinein sich die Kirche nicht einzumischen hatte. Ganz im Gegenteil galt dort ein unbedingtes Gebot der Liberalität, von der noch Giacomo Casanova berichtete (1985, Band 1, S. 134): „Der Grundsatz der venezianischen Regierung war der, namhafte Professoren sehr teuer zu bezahlen und alle, die ihre Vorlesungen besuchten, in größter Freiheit leben zu lassen". Bruno selbst bewarb sich später um einen Lehrstuhl in Padua.

Bruno muss fast augenblicklich Schwierigkeiten mit seiner Obrigkeit bekommen haben. Er soll, so berichten alle Biografen einmütig, schnell über Glaubenssätze wie die Trinitätslehre oder die Heiligenverehrung in Diskussionen mit seinen Mitbrüdern gekommen sein; einem Novizen, der ein Buch über *Marias Freuden* las, habe er empfohlen, dieses Buch wegzuschmeißen und lieber etwas Vernünftiges zu lesen. Wahrscheinlich hat Bruno bereits im Kloster angefangen, seine Satire *Il candelaio* (Der Kerzenzieher) zu schreiben, die sich mit innerklösterlicher Heuchelei und hemmungslosem Vergnügen dort beschäftigt. 1572, mit also 24 Jahren, erhält Bruno die Priesterweihe. Er bekommt eine kleine Pfarre in der Nähe von Salerno, hält dort zumindest Predigten, beginnt aber in San Domenico Maggiore Theologie zu studieren, dieses Studium schließt er 1575 ab. Im Studium muss er seine umfangreiche Bildung, insbesondere durch die Beschäftigung mit Aristoteles, erworben haben. Hier wird wohl auch die geistige Begegnung mit Nikolaus von Kues begonnen haben, den er für die Zeit seines Lebens verehrt.

Aber schon 1576 kommt es zum Bruch mit seinem Orden. Alte Äußerungen werden nun als fundierte Häresie bewertet, eine Anklageschrift wird vorbereitet. Bruno geht nach Rom, um am Hauptsitz der Dominikaner für seine Sache zu streiten. Leider findet man in Neapel aber bedauerlicherweise nun ausgerechnet auf dem Abtritt eine von ihm dort versteckte Schrift des Hieronymus in der streng verbotenen Kommentierung von Erasmus von Rotterdam. Die Anklageschrift wegen Ketzerei umfasst nun sage und schreibe 130 Punkte, unvorstellbar, sich dagegen erfolgreich zu wehren. So flieht Bruno äußerlich nach Norditalien, innerlich, indem er die Mönchstracht ablegt. Über Umwege gelangt Bruno erstmals nach Venedig, wo er, um zu etwas Geld zu kommen, eine kleine Schrift verlegt. Weiter flieht er über Padua nach Genf, wo er wahrscheinlich 1578 eintrifft. Eigentlich steht er dem evangelischen Gedanken sehr nahe, allerdings erschüttert ihn das theokratische Terrorregime, das Johannes Calvin in der Stadt errichtet hat. 25 Jahre zuvor, 1553, hatte Calvin den spanischen Philosophen, Arzt (Erstbeschreiber des kleinen oder Lungenblutkreislaufs) und Theologen (Kritiker der Trinitätslehre) Miguel Serveto hinrichten lassen: Ein einfaches Verbrennen bei lebendigem Leib wäre zu viel der Gnade gewesen, deswegen ließ Calvin ihn auf einem Gestell „im kleinen Feuer" langsam zu Tode rösten, sein Buch *De Motu Cordis* (Über die Bewegung des Herzens) auf die Brust gebunden. In dieser Stadt landet Bruno im August 1579 natürlich auch im Gefängnis, kann sich aber durch Widerruf von 30 Thesen retten und verlässt sofort danach im Oktober 1579 Genf. Über Lyon zieht Bruno nach Toulouse und erwirbt dort kurzfristig den Lehrstuhl für Philosophie. Schon 1581 aber flieht Bruno weiter nach Paris, mit 300.000 Einwohnern wohl die damals größte Stadt Europas. Dort wird ihm ein Lehrstuhl an der Universität angeboten, den lehnt Bruno allerdings ab: Mit der Professur wäre die Pflicht verbunden gewesen, sonntags zur Messe zu gehen. Dafür kommt er mit König Heinrich III in Kontakt, der ihn als einen Berater in Gedächtnisfragen beschäftigt: Bruno beherrscht die von Lull eingeführte Mnemotechnik oder Gedächtniskunst, über die der Franzose mehr wissen wollte.

1583 zieht Bruno weiter nach London, ein Empfehlungsschreiben für den französischen Botschafter Michel de Castelnau bei sich führend. Bruno wird dort sehr gastfreundlich aufgenommen, insgesamt wohnt er in der französischen Botschaft für zwei Jahre.

Dies ist wohl seine produktivste Zeit, in der Ruhe der Botschaft und unter dem Schutz des Botschafters schreibt er dort die sechs „italienischen Dialoge". Italienisch, weil Bruno erstmals in der Gelehrtenwelt nicht lateinisch, sondern in seiner Muttersprache italienisch schreibt (Da in seiner Heimat um Neapel herum allerdings wegen langjähriger spanischer Herrschaft auch durchweg spanisch gesprochen wurde, wuchs Bruno bi-lingual italienisch und spanisch auf).

Im ersten dieser Dialoge, *La cena delle ceneri* (Das Aschermittwochsmahl), zieht er dermaßen ironisch und zynisch gegen die englischen Professoren aus Oxford zu Felde, dass er sich im folgenden Text *De la causo, principio et uno* (Von der Ursache, dem Prinzip und dem Einen) teilweise entschuldigen muss. Die Schriften sind den Dialogen Platons nachempfunden: Durch Frage und Antwort leitet Brunos alter ego Theofilo (manchmal auch Filotheo) allmählich zu einer Conclusio des Gesagten. Gerade der Dialog *La Cena* entspricht in der Personenzusammensetzung, dem Aufbau und dem Ablauf Platons Gastmahl.

Für Bruno ist dies die schönste und produktivste Zeit, wie er beteuert. Und letztlich auch die produktivste: Innerhalb von zwei Jahren sechs vom Inhalt völlig unterschiedliche, z.T. umfangreiche Bücher zu veröffentlichen, bedeutet schon enormen Fleiß. Die Bücher werden in London gedruckt, verweisen aber im Impressum: *Stampato in Venetia* - Gedruckt in Venedig. Damit sollte den Texten mehr Autorität vermittelt werden. Aber auch diese Zeit ist vorbei, als de Castelnau 1585 zurück nach Paris geht und Bruno mitnimmt. Dort versucht er, vielleicht des ewigen Umherziehens müde, sich mit der Kirche und seinem Orden auszusöhnen, was aber scheitert. In Paris arbeitet Bruno wieder an der Universität, veröffentlicht eine „Kampfschrift": *120 Thesen gegen die Peripatiker[7] über Natur und Welt.* Bei der Disputation soll es zu tumultartigen, gewalttätigen Ausbrüchen gekommen sein. Ausführlich zu Worte kommt er im Verlaufe der Auseinanderset-

---

[7] Damit sind die Anhänger und Schüler des Aristoteles gemeint. Peripatos (= Wandelhalle) war der Ort, an dem Aristoteles unterrichtete.

zungen nicht, so dass Bruno es in dieser aufgeheizten und aggressiven Stimmung vorzieht, wieder einmal zu fliehen. Über Marburg, wo er sich vergeblich um eine Professur bemüht, gelangt er schließlich nach Wittenberg, der Universität, an der Martin Luther schon gelehrt hatte und die einen Ruf großer Liberalität und Toleranz aufwies. Nach den Biografien zu urteilen beschreibt Bruno selbst diese Zeit als die friedlichste, störungsfreieste seines Lebens.

Aufgrund von dann auch zunehmenden Differenzen zwischen Calvinisten und Lutheranern verlässt Bruno Wittenberg wieder. Er hält allerdings noch eine Abschiedsrede, in der er auf das gute wissenschaftliche Klima Wittenbergs verweist. Ein Autograph wird noch immer in der Universität verwahrt, es sind Abschiedsworte in Brunos Handschrift, die er mit dem Datum 8. März 1588 versieht (abgebildet in: Kirchhoff, 1980, S. 65). Über Prag gelangt er weiter nach Helmstedt, wo er an der neu gegründeten Universität lehrt. Dort verfasst er auch einige Lehrgedichte, für deren Veröffentlichung (1591) er später nach Frankfurt geht. 1590 bricht Bruno zu seiner letzten deutschen Station, nach Frankfurt auf. Frankfurt ist zu dieser Zeit neben Venedig das Zentrum des europäischen Buchhandels, die Frankfurter Buchmesse entspringt in der Tat dieser Tradition (nach der Verleihung der Stadtrechte 1165 wurde Frankfurt schnell auch Handels- und Messe-platz, die ersten Handschriften, auf Rollen gewi-ckelt, wurden schon kurz darauf zum einfacheren Transport in Fässern geliefert, sie wurden also tat-sächlich genau „wie saure Gurken" angeboten).

Im Sommer 1591 erhält Bruno eine schriftliche Ein-ladung des venezianischen Adeligen Giovanni (ve-nezianisch: Zuane) Mocenigo, ihn und seine Familie in der Kunst der Mnemotechnik zu unterrichten. Bruno nimmt die Einladung an und erreicht im Au-gust 1591 Venedig. Er lebt später vollständig in der Ca' Mocenigo.

Weshalb Bruno entgegen allen Warnungen von Freunden diesen Schritt tut, bleibt unerfindlich. Vielleicht hat er vermutet, die ihn immer noch ver-folgende Inquisition hätte ihn aus ihrer Beobach-tung verloren. Oder er schätzt die machtpolitische Konstellation zwischen Venedig und der katholi-schen Kirche falsch ein (Venedig setzte sich konse-quent bis hin zur Kriegführung für seine Einwohner im Verhältnis zur Kirche ein, aber nicht für Orts-fremde. Ein gutes Beispiel ist der Venezianer Paolo Sarpi, der nach Mordanschlägen des Vatikans auf ihn persönlichen Schutz des Staates bekam). Fakt ist: Mit dem Umzug nach Venedig dauert sein Le-ben in der Freiheit noch sieben Monate.

Vergeblich bewirbt er sich im September 1591 um den vakanten Lehrstuhl für Mathematik in Padua (ein Jahr später erwirbt der 28-jährige Galileo Galilei diesen Lehrstuhl und verlässt dafür seinen bisherigen in Pisa). Er unterrichtet aber in Padua als Erwerbsquelle deutsche Studenten, so dass er dauernd zwischen Venedig und Padua pendelt: In der Regel morgens Unterricht bei den Mocenigos, nachmittags in Padua (eine Bahnfahrt heute dauert mit dem Schnellzug *Frecciarossa* 29 Minuten, mit dem ÖPNV von *Trenitalia* auch nur 48 Minuten. Aber welcher Aufwand war das im 16. Jahrhundert?). Im März 1592 beendet Bruno seine Aufgaben in Padua und wird nun ganztägig im Hause Mocenigo tätig.

Was Mocenigo erwartet hat, weiß man nicht. Jedenfalls scheint er enttäuscht von dem zu geringen Fortschreiten seines Gedächtniszuwachses gewesen zu sein. Denn als Bruno verkündet, wieder nach Frankfurt ziehen zu wollen, zeigt Mocenigo ihn bei der Inquisition an. In der Nacht vom 22. auf den 23. Mai 1592 wird Giordano Bruno verhaftet, äußerst knapp, die Biographen sind sich nicht eins, ob dies beim Packen seiner Koffer (und Mocenigo ihn deswegen auf dem Dachboden eingeschlossen habe) oder, eher als Filmvorlage verwendbar, beim Besteigen der ihn in Sicherheit bringenden Gondel gewesen ist. Damit endet Brunos Leben in der Freiheit.

Am Folgetag legt Mocenigo eine Liste von 20 An-
schuldigen vor, die Bruno als aktiv Ungläubigen
charakterisieren. Nach einer zweiten Denunziation
Mocenigos, die nichts Neues enthält, und nach Verhören durch Matteo d'Avanzo, dem Vorsitzenden
des Rates der Zehn, Venedigs wichtigstem Gericht,
wird Bruno am 26. Mai die Möglichkeit zur ausführlichen Verteidigung eingeräumt, die in Venedig Ver-
fassungsrang hat. Er erzählt eingehend vom Streit
mit Mocenigo, über sein Leben, über seine Pro-
zesse bei den Dominikanern und seine grundsätzli-
chen Einstellungen. Offensichtlich scheinen die
Richter schwankend zu werden, denn bis zum 29.
Mai gibt es nur Beratungen. Und da bringt
Mocenigo eine dritte Anklage vor: Bruno „pi-
acevano assai le donne", er sei also den Frauen sehr
zugeneigt gewesen. In Venedig wird man über eine
solche ‚Anschuldigung' eher lächeln und sie abtun.
Und: Bruno hatte eigentlich überhaupt keine Nei-
gung zu Frauen, von ihm sind keine Liebeleien über-
liefert, eigentlich scheint er keine sexuellen Bedürf-
nisse gehabt zu haben, wohl eher eine gewisse Mi-
sogynie. In seiner Einleitung zu den *Eroici Fuori*
schreibt er: „Die Weiber mögen so weit verehrt und
geliebt werden, als sie es verdienen, d.h. nur wenig
und zuzeiten" (GW Bd. 5, S. 3) Sie zeigen aber etwas
anderes: Mocenigo handelt mittlerweile nicht nur
aus Hass oder Enttäuschung, er muss bereits

verzweifelt gewesen sein. Falsche Anschuldigungen werden in Venedig streng bestraft, diese Bestrafungen können bis zu der Strafe gelangen, die dem Angeschuldigten bei Überführung gedroht hätten.

Als der bekannte venezianische Historiker Andrea Morosini Giordano Bruno im Gefängnis besucht und ein für ihn günstiges Zeugnis ausstellt, er habe ihn nie ketzerische Lehren verbreiten gehört, kommt das Verfahren in eine Sackgasse. Während der siebten (und letzten) Verhandlung am 30. Juli fordern die Richter Bruno auf, sein Gewissen zu reinigen. Offensichtlich sind sie von seiner Ehrlichkeit nicht überzeugt, zu deutlich liegen ihnen auch Brunos Texte vor, die ihn nicht als gradlinig Gläubigen auszeichnen. Aber: Für die Gerichtsbarkeit Venedigs reicht das nicht, ihn zu verurteilen. Es sind keine belastbaren Beweise. Bruno verspricht alles, er werde sein Leben ändern, wenn es ihm gewährt werde.

Gemäß den Verträgen mit der Kurie von 1581 werden Kopien der Akten nach Rom geschickt. Vom Inquisitor Giulio Santorio wird offiziell die Überstellung Brunos nach Rom verlangt. Der Senat Venedigs lehnt dieses Ansinnen ab und bekundet, Bruno entlassen zu wollen. Da legt der päpstliche Nuntius in Venedig, Lodovico Taverna, Beschwerde ein und verweist auf die Rechtslage: Bruno sei kein venezianischer Bürger, für ihn gelte das vertraglich geregelte Verweigerungsrecht nicht.

Am 7. Januar 1593 wird diesem Einspruch stattgegeben und Bruno am 27. Februar 1593 in den Verliesen des Heiligen Uffiziums zu Rom eingekerkert. Er ist der zweiter Bürger Nolas, der auf diese Weise von Venedig nach Rom überstellt wird: Der erwähnte (S. 22) Pomponio de Algerio, der in Padua studiert hatte, erlitt das gleiche Schicksal wie Bruno.

Warum schickte Venedig Bruno nach Rom? War Venedig nicht der Hort der Zivilisation und Menschlichkeit, saßen bei Inquisitionstribunalen nicht immer Staatsbeamte dabei, *dottori laici*, die den korrekten Ablauf zu überwachen hatten und strikt auf das Verbot der Folter achteten? War es nicht Grundauffassung des Staates von Venedig, dass „die armen und unwissenden Leute", die von der Kirche als Ketzer beschriebenen also, keine Folterwerkzeuge oder Scheiterhaufen bräuchten, sondern nur gute Pfarrer, wie der Rat der Zehn am 15.3.1521 verkündet hatte? Schwärmte nicht später Balzac von den „Bleikammern", den Gefängnissen im Dach des Dogenpalasts, für solche hellen und blanken Unterkünfte würde man in Paris sehr viel Mietgeld bezahlen? Und waren nicht die im 16. Jahrhundert erbauten *Pozzi*, die Gefängnisse im Dogenpalast, so modern, sauber und hygienisch, gebaut in einem humanitären Geist, dass sie bis in die 30er Jahre des 20. Jahrhunderts genutzt werden konnten? Tat Venedig nicht sehr viel gerade für die am anderen Ende des schönen Lebens? Und was hatte Zuane Mocenigo bewogen, so zu handeln?

Die letzte Frage kann relativ schnell beantwortet werden: Wir wissen es nicht. Mocenigo stammte aus einer wohlhabenden, bedeutenden Familie, die insgesamt sieben Dogen stellte, u.a. einen anderen Giovanni Mocenigo (1478-1485). Es muss völlige Enttäuschung gewesen sein, die Mocenigo zu einer Anzeige veranlasst hatte. Später, falls überhaupt gewollt, gab es kein Zurück mehr, eine Anzeige ließ sich nicht schlicht abbestellen ohne sich selbst einer Anklage wegen falscher Beschuldigung gegenüber zu sehen.

Venedig selbst befand sich im 16. Jahrhundert in einer außenpolitischen Notsituation. Die „Liga von Cambrai" wurde 1508 geschlossen, ein Bündnis Frankreichs, Spaniens, Österreichs und der Kirche, also fast der gesamten Welt, mit dem Ziel, Venedig zu vernichten. Aufteilungspläne wurden vertraglich verpflichtend. Seit 1535, nachdem Venedig die Liga durch diplomatische Schachzüge ausgehebelt und einige Kriege zumindest unentschieden hatte ausgehen lassen, hatte Venedig nur eine Überlebenschance: Sich dem spanischen Einfluss in Italien zu widersetzen. Nicht zuletzt deswegen hatte Venedig als erster europäischer Staat den Hugenotten Heinrich IV als König Frankreichs anerkannt und den Anspruch des Spaniers Philipp II auf den Thron zurückgewiesen, was zu einer massiven Verstimmung mit der Kurie führte. Die entsprechenden Verhandlungen in Rom führte Leonardo Donà, der Papst Sixtus V von der Sicht Venedigs überzeugen konnte. Überhaupt nicht einverstanden mit diesem Ergebnis war der Inquisitor Camillo Borghese, der versuchte, Donà unter Druck zu setzen: Werde er Papst, werde er ganz Venedig unter das Interdikt stellen. Worauf Donà schroff antwortete, werde er Doge, werde er das Interdikt zurückweisen. Borghese wurde 1605 Papst (Paul V), eine der blutrünstigsten Figuren auf der Sedia, der zu seiner Wahl statt wie üblich Wohltaten zu verteilen, erst einmal zum „Warmlaufen" einen Schriftsteller verbrennen ließ. Donà wurde 1606 (bis 1612) Doge: *L'Antipapa*, der

Gegenpapst. Borghese, ihn würde man wohl heute einen eifernden Fundamentalisten nennen, war damit heftigster Gegner Venedigs innerhalb der Kurie. Und als Papst unternahm er drei Mordversuche gegen Paolo Sarpi, den Konsultator der Stadt. Für Venedig galt spätestens ab diesem Zeitpunkt: *Prima veneziani e poi cristiani* (Erst Venezianer und danach Christen). Und 1571 kam es zur Seeschlacht von Lepanto, in der offiziell der Heilige Stuhl, Frankreich, Spanien und Venedig gegen das osmanische Reich kämpften. Offiziell: Denn was die Venezianer damals noch nicht wussten und erst später erfuhren, war ein Geheimabkommen zwischen Spanien und der Türkei: Die Spanier wollten sich zurückziehen (was deren angeheuerter Kapitän Andrea Doria, ein Genuese, auch tat) und Venedig sollte von den Türken vernichtet werden, was allerdings wegen der aufopferungsvollen Bereitschaft der venezianischen

Abb. 2. Das Denkmal Paolo Sarpis in Venedig, Campo Santa Fosca

Matrosen und Soldaten nicht klappte. Die Stadt leistete aber den heftigsten Blutzoll des Bündnisses. Zudem hatte 1575 eine Pestepidemie mindestens ein Drittel der Bevölkerung zu Tode gebracht. Venedig hatte also andere Sorgen, als sich massivst für einen Nichtvenezianer einzusetzen, der hier noch nicht einmal Verwandte hatte und auch keinen Handel trieb, der Stadt also nichts nutzte. Und der, das noch obendrein, sehr merkwürdige Dinge schrieb. Der Doge, der zur Zeit der Festnahme Brunos regierte, Pasquale Cicogna, galt als *Buono*, als Guter, der keine Kriege führte und sich mehr um die passive Sicherheit Venedigs (Bau der Festung und heutigen Stadt Palmanova) und die innere Struktur (Errichtung des Ponte di Rialto als Steinbrücke) kümmerte (Donà, 2018; Dumler, 2001; Guerri, 2019; da Mosta, 2003, bes. S. 309 ff).

In Venedig hat Bruno einige Zellengenossen, denen das gleiche Schicksal wie ihm blüht. Besonders bemerkenswert ist der Karmeliter-Mönch Celestino da Verona, der zweimal in Venedig verhaftet und beide Male trotz Eingaben Roms frei gelassen wird. Weshalb Celestino sich dann selbst bei der Inquisition in Rom anzeigt, ist wirklich nicht erklärlich. Jedenfalls sind die Vorwürfe gegen ihn wohl so schwer, dass er genau fünf Monate vor Bruno in aller Heimlichkeit auf dem Campo dei fiori verbrannt wird. Von Celestino aber gibt es heftige

Anschuldigungen gegen Bruno, die als Beweis gegen Giordano verwandt werden. Vielleicht wollte sich Celestino mit diesen Anschuldigungen Gnade erkaufen, nachzuweisen ist das nicht mehr.

Bruno wird nun wieder und wieder verhört, heftig gefoltert. Sein Inquisitor wird ab 1599 Roberto Bellarmino, der eine steile Kirchenkarriere hinter sich hat. Zweimal scheitert er bei einer Papstwahl nur knapp. Allerdings hatte er selbst wegen seiner Schrift „Controversae" ein Indexverfahren auszustehen, das nur durch den Tod von Papst Sixtus V beendet wurde. Sixtus war Franziskaner und wollte vermutlich die Jesuiten, für die Bellarmin stand, treffen. Der wird später die Stellung des Papstes als alleroberste weltliche Instanz betonen, die *Suprematie*, und erhält dafür die höchst seltene Ehre, durch Pius XI 1931 zum *doctor ecclesiae*, zum Kirchenlehrer, erhoben zu werden. Er war gleichzeitig der Inquisitor in den Prozessen gegen Tomasso Campanella und Galileo Galilei.

Wildgen (2007) vergleicht die Lebensläufe Bellarmins und Brunos, die sehr viele Parallelen, aber auch sehr viele Unterschiede aufweisen. Er schreibt, dass ohne Brunos Konflikte mit der Kirche, die sich im Kern um die Suprematie des Papstes versus den Konziliarismus drehten, sich beide wahrscheinlich als Professoren in Rom begegnet wären. Und ohne den plötzlichen Tod von Sixtus V hätten Robert Bellarmin und Giordano Bruno Zellengenossen in den Verliesen des Heiligen Uffiziums sein können.

In Rom erlitt Bruno eine siebenjährige Kerkerhaft mit „Verhören" unter der Folter, neuen Vorwürfen, Ermahnungen und Darlegungen. Rechtsstaatlich kann man die Inquisitionsverfahren natürlich nicht nennen: Wer in diese Mühle geriet, war eigentlich schon tot. Campanella widerrief und erlangte dafür die „Gnade", nur zu lebenslänglicher Haft verurteilt zu werden. 27 Jahre schmachtete er in den Verliesen der Kirche. 1526 wurde er entlassen, später konnte er, vermutlich unter Billigung von Papst Urban VIII nach Paris entkommen, wo er schließlich 1539 starb.

Auch das Todesurteil gegen Giordano Brunos stand de facto schon vor dem Prozess fest. Am 8. Februar 1600 wurde er schuldig gesprochen, der staatlichen Obrigkeit überstellt und in das Stadtgefängnis Torre di Nona direkt auf der anderen Seite des Tiber gebracht. Seit 1163, dem Konzil von Tours, gilt der Grundsatz: *Ecclesia abhorret a sanguine* (Eigentlich: Die Kirche verabscheut Blut, sinngemäß: Die Kirche vergießt kein Blut). Ursprünglich war der Satz gedacht als Verbot, in der Heilkunst auch chirurgisch zu helfen, praktischerweise konnte man dieses Idiom dann gleich für die Tötungen Andersgläubiger übernehmen (Und wenn niemand zur

Stelle war, konnte man die Verurteilten bequem verbrennen, da wurde ja auch kein Blut vergossen). Merkwürdigerweise war die Folter mit Schabemesser oder Nagelwalze nicht von diesem Verdikt betroffen, obwohl das Blut bei diesen Martern nur so herumtroff. Roms Stadtpräfekt, der bei der Urteilsverkündung anwesend war, sprach dann das offizielle Todesurteil und legte die Todesart fest, die allerdings die Kirche vorgeschrieben hatte. Am 17. Februar wurde Giordano Bruno unter feierlichem Geläut, das Jubeljahr 1600 hatte gerade begonnen und 50 Kardinäle sowie tausende von Gläubigen

Abb. 3. "Für Bruno, die von ihm vergötterte Ewigkeit. Hier, wo der Scheiterhaufen brannte." Der Mittelteil ist heute kryptisch, eine Übersetzungsmöglichkeit für secolo ist auch Dauer oder eben Ewigkeit.

konnten diesem allerchristlichsten Werk des Verbrennens eines lebendigen Menschen folgen, auf den Blumenplatz, dem campo dei fiori, gebracht. Damit er nicht zum Volk sprechen konnte, wurde ihm nach verschiedenen Quellen der „Mund versiegelt", üblicherweise dadurch, dass man dem Versiegelten einen großen Eisennagel durch die eine Wange und die Zunge bis zur anderen Wange stach und die Enden dann mit einem Bolzen verriegelte. Eine Zeugenaussage beschreibt die letzten Meter Brunos: „Er sah bleich und blass aus - offenbar geschwächt von dem Blutverlust, den er durch die vergangenen Marterungen erlitten hatte - , seine Arme hingen wie leblos herunter. Man hatte sie aus den Gelenken gerissen, als man ihn über das Rad geflochten hatte. Nicht genug damit — die furchtbaren Marterwerkzeuge hatten an vielen Stellen das Fleisch bis auf den Knochen heruntergeschabt"

Abb. 4. Das Giordano-Bruno-Denkmal am Bahnhof Potsdamer Platz in Berlin, aufgenommen an seinem Todestag, 17.2.2023

(nach Abel, 1970, S. 182). Alles dieses musste jedem auffallen: Bruno wurde nackt verbrannt. Das hoch zu ihm gehobene Kruzifix, das ihm vor das Gesicht gehalten wurde, damit er es kurz vor seinem Tod noch einmal küsse, lehnte er mit einem Abwenden des Kopfes ab (s.a. de Robertis, 2021).

Giordano Bruno stand zehn Minuten lebend im lodernden Feuer. Nach seinem Tode wurde seine

Asche verstreut. Seine Bücher kamen in den Kodex verbotener Bücher und blieben dort bis zur Aufhebung dieser Liste 1965. Kein Katholik durfte sich um das Heil seiner

Abb. 5. Lucilio Vanini und Martin Luther

Seele mit Giordano Brunos Gedanken beschäftigen.

Nach der politischen Einigung Italiens und der Auflösung des Kirchenstaats 1870 kam es vielerorts zu Protesten gegen die Kirche. Der Bildhauer und engagierte Freimaurer Ettore Ferrari (1845-1929) legte seit 1885 eine *sottoscrizione internazionale* auf. Mit dieser internationalen Subskription sammelte er Unterstützung und Geld für ein Denkmal für Giordano Bruno genau an der Stelle, wo er hingerichtet wurde. 1889 wurde das von ihm geschaffene Denkmal eingeweiht (fast zeitgleich zu dem ähnlichen in Venedig (s.S. 40), das Paolo Sarpi gewidmet ist). Mittlerweile gibt es ein Denkmal in Nola, das einen anderen Bruno zeigt, und zwei identische in Budapest und Berlin (im Bahnhof Potsdamer Platz). In Rom schaut Bruno streng in Richtung Vatikan. Auf dem Sockel befinden sich etliche Medaillons für andere Opfer der Inquisition, z.B. Lucillo Vanini. Neben seinem großen Portrait gab es ein kleineres, das von Martin Luther im Medaillon: Vanini war Lutheraner. Während des Fests zur Einweihung, dem nun auch wie 289 Jahre zuvor bei der Tötung, tausende Zuschauer folgten, habe Papst Leo XIII den ganzen Tag auf Knien vor einer Petrus-Statue „für das Heil und den Bestand der alleinseligmachenden katholischen Kirche" gebetet. Dann erließ er noch einen Brief an die Gläubigen, der in allen Kirchen verlesen werden musste. In ihm hieß es: „Er [Giordano Bruno, CL] hat weder irgendwelche wissenschaftlichen Leistungen aufzuweisen noch hat er sich irgendwelche Verdienste um die Förderung des öffentlichen Lebens erworben. Seine Handlungsweise war unaufrichtig, verlogen und vollkommen selbstsüchtig, intolerant gegen jede gegenteilige Meinung, ausgesprochen bösartig und voll von einer die Wahrheit verzerrenden Lobhudelei" (Abel, 1970, S. 185; Kirchhoff, 1980, S. 140). Das ist schon eine überaus bemerkenswerte Sicht der Dinge: Jemandem Intoleranz vorzuwerfen, den der eigene Verein wegen einer anderen Meinung zu Tode gefoltert hat. Am 12. März 2000 erklärte Johannes Paul II nach einem Kommissionsbericht von 1992, „Männer der Kirche" (natürlich nicht die Kirche als Ganzes, sondern nur vereinzelte „Männer der Kirche", wahrscheinlich also ein paar wenige Einzelgänger gegen den erklärten Willen der Kirche) hätten bisweilen nicht nach den Grundsätzen der Evangelien gehandelt, die Hinrichtung Giordano Brunos sei nunmehr auch aus kirchenrechtlicher Sicht als Unrecht anzusehen. Allerdings wurde Bruno nie rehabilitiert: Zu stark weicht sein Pantheismus nun doch vom katholischen Monotheismus ab.

***

Was verbarg sich in den Schriften Brunos derartig Schlimmes, dass er so grausam ermordet wurde? Giordano Bruno hatte keine Philosophie im Sinne eines ganzheitlichen Ansatzes oder eines logischen Systems betrieben. Vornehmlich ging es in seinen Prozessen um das Weltbild der Kirche: das geozentrische Weltbild, dem Tyho Brahe, Nikolaus Kopernikus und eben Giordano Bruno sowie Galileo Galilei das heliozentrische entgegensetzten: Nicht die

Welt ist Mittelpunkt des Alls, sondern die Sonne. Bruno war sogar am konsequentesten: Er beschrieb die sichtbaren Sterne als weitere Sonnen, die sicherlich auch für uns unsichtbare Planeten führten. Kopernikus sah die Sterne noch als Lichter um die Planeten aufgehängt und nicht als eigenständige Sonnen. Mit dieser Frage beschäftigte Bruno sich intensiv, er beschrieb sogar die nicht ideal-kreisförmigen Umläufe der Planeten und die ihre Umdrehungen um die eigene Achse, alles ohne die Erfindung des Fernrohrs selbst genutzt zu haben, alleine durch Ableitung. Gleichzeitig postulierte Bruno die Abhängigkeit der Geschwindigkeit der Planetenumdrehung um die eigene Achse von der Entfernung zur Sonne. Er war damit unseren Forschungen sehr nahe, jedenfalls erheblich weiter als Galilei und Kopernikus. Aufgrund seiner Beobachtungen und Beschreibungen schwankten alle Dogmen, die auf dem geozentrischen Weltbild aufgesattelt waren. Bruno konstatierte: Das Universum ist unendlich und kann kein Zentrum und keinen Rand haben. Das ist eine pantheistische Auffassung, das hatten die Inquisitoren wohl bemerkt. Denn ein unendliches All bedeutet: keine Grenzen. Und keine Grenzen heißt: kein Jenseits, kein Himmel, keine Hölle. Eine grenzenlose Welt ist von ewiger Dauer, hat keinen Anfang und damit keine Schöpfung. Das war sehr gefährlich, denn wenn die Welt nur ein Planet wie andere wäre, die sich um die Sonne drehten, und die Sonne nur eine unter vielen tausenden Sonnen mit eigenen Planeten, wenn es keinen Anfang und kein Ende gab, kein Jenseits und keine Schöpfung: Was war dann so Besonderes an unserer Welt? Und welchem göttlichen Plan unterlag diese Ordnung? Konnte dann der Papst noch eine Vorrangstellung beanspruchen?

Nein, natürlich nicht. Das war das Gefährliche. Und offensichtlich hat sich Bruno überhaupt keine Gedanken über die Folgen seiner Überlegungen gemacht. Im „Aschermittwochsmahl" (GW, Bd. 1) beschreibt Bruno seine kosmologischen Gedanken dazu, auch die Ungenauigkeit des geltenden Kalenders, weswegen er eine Kalenderreform vorschlägt. Zum Zeitpunkt der Festsetzung des „Gregorianischen Kalenders" 1583 war Bruno gerade in England, die protestantischen Länder nahmen aus Abneigung gegen das Papsttum die Reform erst verspätet an, England sogar erst 1752. Bruno kannte also wohl nicht die Kommissionsergebnisse Gregors, kam aber zu denselben Schlussfolgerungen.

Brunos Ideen zu einer Welt, die nur eine von vielen ist, seine kosmologischen Forschungen waren für die weltliche Kirche immens gefährlich. Galilei, ein frommer Katholik, dem die Konsequenzen seines Denkens möglicherweise ebenso nicht aufgefallen waren, widerrief seine Forschungsergebnisse und kam glimpflich aus dem Inquisitionsverfahren. Ob er wirklich beim Hinausgehen aus dem Inquisitionssaal gemurmelt habe: *Eppur si muove* (Und sie bewegt sich doch), siehe oben: Es ist nicht belegt.

Der zweite Aspekt in Brunos Philosophie ist eine Erkenntnistheorie. Sein Hauptwerk hierzu ist *Gli eroici furori,* die „Heroischen Leidenschaften" (GW, Bd. 5). Die Titelübersetzung gelingt nur im Zusammenhang mit den Wortbedeutungen der Renaissance. Furor oder furore bedeuten im Lateinischen und Italienischen Wut, Wahnsinn oder Raserei, eine Furia ist ein böser Geist und die Furien im Plural sind die Rachegöttinnen Allekto, Tisiphone und Megaira (die bekannte *Megäre*). Davon passt aber keine Bedeutung für das, was Bruno und andere Philosophen meinten. Am ehesten trifft hier wirklich *Leidenschaften* zu, wie es sich aus dem Text ergibt. Kuhlenbeck zog es vor, den Titel unübersetzt zu lassen und lieber mit einem Untertitel zu versehen: Zwiegespräch vom Helden und Schwärmer. Und das ist offensichtlich auch die Renaissance-Bedeutung für *Furor*: Leidenschaft.

In diesem Zentralwerk, 1585 in London geschrieben, beschäftigt sich Bruno mit der Erkenntnistheorie. Als Metapher wählte er den Jäger Actaeon, der auf der Jagd Artemis sieht, wie sie nackt einem See entsteigt. Zur Strafe für diesen zwar ungewollten, aber doch begangenen Frevel verwandelt sie ihn in einen Hirsch, der von seinen eigenen Hunden, die ihn nicht erkennen, zerrissen wird. In Brunos Philosophie wird Actaeon zum Ziel seiner eigenen Begierden: Er ist ein Jäger, der zum Gejagten wird, weil er in das verwandelt wird, was er sucht: Beute. Der Jäger kann das Göttliche in ihm vielleicht nicht wissen, aber erahnen. Er hat eine Vision der Einheit der Dinge. Bruno verneint, dass es göttlicher Wille gewesen sei, der ihn zu Artemis und damit zu seinem Tod geführt hat. Actaeon ist Jäger, ein Suchender. Und diese Suche hat ihn zum Göttlichen geführt. Sein Wille als Jäger hat ihn zur Begegnung geführt. Und etwas Zufall. Insgesamt sieht Bruno in einem Zusammenklang von Bewusstsein und Spiritualität die Möglichkeit, das im Menschen schlummernde göttliche Potenzial zu wecken. Bedingung dafür ist die Harmonie in einem Gleichklang von Denken und Fühlen, es entstehe sogar Neues daraus: Kreativität und Liebe.

Die Heroischen Leidenschaften sind in zwei Teile zu je fünf Dialogen aufgeteilt, den letzten, sehr selten in der Philosophiegeschichte, bestreiten zwei Frauen: Laodamia und Julia. Warum er sie einsetzt, erfährt man nicht, in seiner Einführung erklärt Bruno: „Im fünften Dialog treten zwei Frauen auf, welche es nach Art und Sitte meines Vaterlandes nicht wohl ansteht, zu kommentieren, zu argumentieren und zu entziffern, viel zu wissen und als blaustrümpflerische[8] Doktorinnen zu glänzen" (GW, Bd. 5, S. 15). Die beiden Frauen tragen eigentlich nur „Lehrsonette" vor. Und dennoch ist Julia die Kluge und fasst zum Ende des Textes, ganz auf der letzten Seite den gesamten Inhalt des Buches zusammen: „Ich aber, wenn der Himmel es vergönnt, durch Schönheit aufzufallen, finde doch seine größte Gunst und Gnade darin, dass diese meine Schönheit, wie sie auch immer an sich zu schätzen sein mag, doch nur gewissermaßen als Wegweiser diene, um jene einzige und göttliche Schönheit aufzufinden. Darum danke ich den Göttern, dass sie in jener Zeit, als ich noch zu jung und unreif war, um den Flammen der Liebe in meinem Busen Zündstoff zu geben, meine damalige unschuldige und einfältige Grausamkeit als Mittel benutzten, um meinen Liebeswerbern eine unvergleichlich höhere Lust zu vermitteln, als sie ihnen meine Willfährigkeit jemals hätte verschaffen können" (GW, Bd. 5, S. 227).

Als einziges seiner etwa 30 Bücher wurde im Inquisitionsprozess *Lo Spaccio della Bestia trionfante* zitiert, bei uns übersetzt als *Die Vertreibung der*

---

[8] Im Original (zumindest in der Ausgabe von 1830) steht nichts von „blaustrümpflerisch", das ist eine Erfindung Kuhlenbecks, ein Wort, das es 300 Jahre zuvor auch nicht gegeben haben kann. Wörtlich ist nur zu lesen: „...saper molto et esser dottoresse", also nur: „viel zu wissen und Gelehrte zu sein." Kuhlenbeck hat hier wohl seine eigene Gynophobie wieder gegeben.

triumphierenden Bestie. Spaccio bedeutet heutzu-
tage eigentlich Beschäftigung, Inumlaufbringung
(das *spaccio alimentare* ist ein Lebensmittelge-
schäft), spacciare allerdings heißt vertreiben, aber
auch im Sinne von in Verkehr bringen. Weshalb unter diesen Aspekten die Inquisition dazu kam, ausgerechnet nur dieses Buch zu erwähnen, ist er-
staunlich. In diesem Buch beschäftigt sich Bruno
mit Ethik. Dieses Buch wurde nach Brunos Tod
überall, wo man seiner habhaft werden konnte,
eingezogen und vernichtet. Zu Beginn des 20. Jahrhunderts, so berichtet Kuhlenbeck, gab es in England nur ein Exemplar, und auch für Deutschland
wusste er nur eine einzige Ausgabe, die in der
Hofbibliothek Dresden, zu zitieren. „Erst die ‚opere
italiane' Brunos[9] von Adolf Wagner, Leipzig 1830,
hat die Schrift einem etwas größeren Leserkreise
zugänglich gemacht. Doch zählt selbst diese Ausgabe jetzt schon zu den bibliographischen Raritäten
und ist nur noch antiquarisch für hohe Preise zu haben" (GW, Bd. 2, S. 5).
Zusammengefasst steht Bruno für eine auf Altruis-
mus und Gemeinwohl bedachte Ethik ein. Mit der
„triumphierenden Bestie" wurde oft die katholische Kirche gleichgesetzt, aber die meinte Bruno
mit Sicherheit nicht alleine. Seine Erfahrungen in

---

[9] Dieses Buch gibt es mittlerweile als Faksimile ohne Jahres-
und Ortsangabe. Zu beziehen über: libreriauniversitaria.it

Genf, die ihn zu einer scharfen Abrechnung mit der calvinistischen Lehre der Prädestination, der Vorherbestimmung, führten oder auch seine wirklich heftigen Angriffe auf das lutherische Prinzip des *sola fide* (nur durch den Glauben alleine gelange man zur Seligkeit) zeigen schon, dass es Bruno um mehr ging als um eine Abrechnung mit der Kirche. Dieses Buch ist eine Abrechnung mit den sittlichen „Verirrungen" der Menschheit insgesamt. Es kann als ein Pamphlet für Gemeinsinn gewertet werden. An einer Stelle allerdings, im dritten Abschnitt des dritten Dialogs, keilt Bruno heftig gegen das Christentum insgesamt aus. Die Diskutanten „säubern" gerade den Himmel von allen üblen, auf der Erde Schlechtes bewirkenden Sternbildern. Nun kommt Orion an die Reihe (nach dem Walfisch als zweites Sternbild des Südens). Unverkennbar stellt Orion Jesus dar. Der Gott Neptun, an der Säuberung beteiligt, nennt ihn „meinen Günstling, meinen Liebling". Momo, hier wohl Bruno, scherzt, Orion könne über Wasser laufen, ohne einzusinken, „ja, ohne sich die Füße zu benetzen – und folglich wird er auch andere schöne Kunststücke machen können." Und dann fährt er fort: „Nun, so lasst uns ihn unter die Menschen senden und diesen durch ihn begreiflich machen, was uns irgend gut deucht und genehm erscheint, dass er sie glauben lassen kann, dass weiß schwarz ist, dass der menschliche

Verstand, gerade wo er am klarsten zu sehen glaubt, nur Blindheit, dass sich folglich alles, was sich der Vernunft als vortrefflich, gut oder als das Beste erscheint, nur gemein, verwerflich und äußerst böse ist" (GW, Bd. 2, S. 242). Ein mehr als nur diskreter Hinweis auf die Lehren der Kirche. Zum Schluss dieses Absatzes scheut sich Momo dann doch davor, Orion auf die Erde zu den Menschen zu lassen, weil „er ihnen wohl den Glauben eintrichtern könnte, dass nicht der große Zeus Zeus sei, sondern dass Orion Zeus sei und alle anderen Göttern nichts als Chimären und Phantasten. Deshalb scheint es mir doch nicht ratsam, ihm zu gestatten, so *per fas et nefas*[10], wie man sagt, seine vielen Geschicklichkeiten und Kunststücke zu zeigen, wodurch er unseren eigenen Ruhm in Schatten stellen könnte" (S. 243).

Das ist eine sehr kontrovers diskutierte Stelle. Hat Bruno Jesus für sich so gesehen? Die Abwendung vom Kruzifix auf dem Scheiterhaufen scheint ein Indiz dafür zu sein, dass Bruno Jesus tatsächlich nicht für sich als Heilsbringer gesehen hat.

In einer Fußnote kommentiert Kuhlenbeck diese Passage (a.a.O, S. 364 f). Er betont, dass Brunos Kritik nicht dem „sittlichen Kern des Christentums, sondern dem autoritären und intoleranten System einzelner kirchlicher Glaubenslehren" gegolten

---

[10] Wörtlich: Bei (göttlichem) Recht und Frevel.

habe. Der gesamte Inhalt des *Spaccio* und spätere Schriften scheinen Kuhlenbeck zu bestätigen. Er schließt seine Fußnote mit einem Verweis auf Julian Apostata: „Ich stehe nicht an, zu bemerken, dass diese Stelle über Orion hässlich und frivol ist, sie offenbart etwas von dem unbesonnenen Hass eines Celsus, Julian Apostata und Voltaire." Es ist aber schon verwunderlich, dass Max Bergfeld 1929, also gut zwanzig Jahre nach der Veröffentlichung Kuhlenbecks, zu einer fast wörtlich gleichen Einschätzung gekommen ist: „Die Frivolität, mit der der Dominikanermönch hier seine eigene Religion verspottet, hat höchstens bei Julian Apostata, bei Voltaire und Nietzsche einen ähnlichen Ausdruck gefunden" (Bergfeld, 1929, S, 144). „Paste and copy" zu Beginn des 20. Jahrhunderts, ein frühes Vorbild Karl-Theodor zu Guttenbergs?

Brunos Philosophie drehte sich um Naturphilosophie, Kosmologie und Ethik. Sich selbst nicht schonend und ein ganzes Leben auf der Flucht durch Europa zu verbringen, alles zu Fuß (bis auf die Fahrt von England, bei der er in der Kutsche von del Castelnau mitreiste), abzulehnen, was sein Schicksal etwas weniger grausam beendet hätte, hat er die Ethik gelebt, die er lehrte. Vielleicht hätte er etwas anderes erleben können, wäre er nicht von einer oft verletzenden Direktheit und Deutlichkeit gewesen, aber dann wäre er nicht Giordano Bruno gewesen. Seiner Offenheit stand die geballte Macht der Kirchenautorität gegenüber, die mit der Inquisition eine perfekte Mordmaschinerie entwickelt hatte. Träger dieser Massentötungen war ausgerechnet Brunos eigener Orden, die Dominikaner. Im Volk hießen sie deshalb nicht *Dominicani*, sondern *Domini canes*: Die Hunde des Herrn. Sie verkörperten die Unmenschlichkeit und Härte der Kirche, Mitleid, so wurde ihnen beigebracht, sei ein Werkzeug des Teufels und deshalb wegen der gequälten und verzweifelten Menschen fehl am Platze. Dies alles verkörperte eine Haltung, die Bruno bekämpft hatte und die alles in einem schwarzen Griff erstickte: Das Böse.

***

Philosophie zu Zeiten Brunos war bis auf wenige Ausnahmen wie Nikolaus von Kues, John Wycliff oder Erasmus von Rotterdam ein Herunterbeten aristotelischer Lehrsätze zur Bestätigung kirchlicher Dogmen. Thomas von Aquin (1225-1274) hatte in einem umfangreichen Werk die Gedanken Aristoteles zur Philosophie der Christenheit gemacht. Der „Aquinate" beherrschte über Jahrhunderte das Denken der Kirche generell und ihre Haltung zu den Geschlechtern speziell: „Wenn sie müde werden oder sogar sterben, so macht das nichts aus. Lasst sie im Kindbett sterben, dafür sind sie da" (nach Sieck, 2015, S. 16). Thomas von Aquin lieferte auch die theologische Grundlage für die Todesstrafe bei Glaubensabfall, also für die Inquisition.

Philosophie bedeutete in der Renaissance sehr oft Belastung und Verfolgung.

Raffaelo Sanzio da Urbina (1483-1520), kurz Raffael, schuf zwischen 1509 und 1511 das große Fresko „Schule von Athen" für die Stanza Segnatura der päpstlichen Gemächer. Die beiden Zentralfiguren sind Platon und Aristoteles, neben Platon stehen offensichtlich die Denker und Philosophen, neben Aristoteles eher die empirischen Denker. Da aber gar nicht genau bekannt ist, welche Philosophen genau dargestellt sind, ist das eine Interpretation unter vielen. Eine Frau findet sich auch unter den Männern: Die spätantike Philosophin Hypatia aus Alexandrien, die von einer Horde fanatisierter Christen im März 415 geschändet und brutal (mit Scherben zerschnitten) ermordet worden war.

Platon und Aristoteles sind paradigmatisch dargestellt. Platon hat seinen linken Arm erhoben und weist damit in den Himmel. Dies kann als Hinweis auf die ewig geltenden, göttlichen Werte gewertet werden, die Platons Ideenlehre zugrunde liegen. Währenddessen hält Aristoteles seine Handfläche waagerecht zum Boden, das kann bedeuten „Jetzt halt mal den Ball flach, hier auf der Erde spielt sich das Leben ab" und würde Aristoteles Grundsätzen, alles gedanklich lösen zu wollen, entsprechen.

Das war tatsächlich die Philosophie der Scholastik, die sich ausschließlich den philosophischen Gedanken des Aristoteles öffnete. Die idealistische Auffassung Platons hatte hier keine Grundlage.

Insofern ist dieses Bild geradezu paradigmatisch für die Zeit Brunos.

Das bedeutete aber auch: Es gab ein dualistisches Weltbild, nur Gut und Böse.

Die Brutalität, mit der die Kirche (nicht nur die katholische Kirche, die Calvinisten waren kaum zarter besaitet) Menschen mit eigenen Gedanken verfolgte, die Gnadenlosigkeit, jede fehlende Empathie für die verzweifelten Opfer von Folter und Flammentod müssen als Hinweise gesehen werden, dass die verkündete Nächstenliebe in Wirklichkeit keine war, sondern zynischer Ausdruck von Machtwillen.

Bruno stand also nicht die liebende, verzeihende Kirche gegenüber, das Gute also, sondern im Gegenteil: das Böse der Macht.

Vielleicht nähern wir uns der Frage nach dem Bösen in seiner Wesenheit über die Menschen, die Böses tun. Denn uns fehlt eine alles verbindende Definition von „dem Bösen". Ist es einfach nur das

Gegenteil des Guten? Aber was ist das? Nach den Gesetzen zu leben, nicht dagegen zu verstoßen? Das greift zu kurz, wenn wir an die Zeit der Nazis denken: Dort gab es eine Moralumkehr, aus „Du sollst nicht töten" wurde „Du sollst töten".

Wir fragen uns heute schon, was kann Menschen bewegen, an einer grauenhaften Zeremonie wie dem öffentlichen Verbrennen eines Menschen oder noch bestialischerer Martern teilzunehmen, ja die Qualen nicht in Frage zu stellen, sondern gemeinsam mit dem Opfer auch nur für das Opfer zu beten? Kaum war Bruno im staatlichen Gefängnis eingebunkert, strebten vermummte „Büßer" aus der Bruderschaft des enthaupteten heiligen Johannes zu ihm (sie hieß eigentlich Bruderschaft Misericordia, ihre Kirche war *San Giovanni Battista Decollata* in Rom, so dass sie bald den Namen dieser Kirche stellvertretend für die Bruderschaft annahm). Tag und Nacht, vom Tag der Urteilsverkündung am 8. Februar bis zur Hinrichtung am 17. Februar 1600 waren diese Büßer um ihn herum, sangen und beteten für ihn und versuchten ihn, noch zur Abkehr und zur Reue zu bekehren. Auch das ihm zum Kuss vorgehaltene und von ihm abgelehnte Kruzifix reichten sie Bruno zwischen den hochschlagenden Flammen.

Was bewegte Menschen dazu, in grauenhaften Martern und Foltern Gerechtigkeit zu sehen und dann noch gemeinsam mit den Opfern zu beten? Was ging in solchen Menschen vor?

Der Dominikaner Heinrich Kramer, latinisiert zu Institoris, legte 1486 ein pfundschweres Werk vor, den „Malleus malificarum", den Hexenhammer. Er führte Jakob Sprenger, der ein Gegner der Hexenprozesse gewesen sein soll, als Mitautor ein, möglicherweise um seinem Werk mehr Glaubwürdigkeit zu verleihen. Auch andere Unterlagen, wie die von der Universität Köln verliehene Approbation, scheinen gefälscht gewesen zu sein. Dennoch erreichte das Buch etwa 30 Auflagen. Ernsthaft widerlegt wurde es erst vom Jesuiten Friedrich von Spee (1591-1635, eigentlich Friedrich Spee von Langenfeld; Miesen, 1987) in seiner 1631 anfangs anonym erschienener *Cautio criminalis* (Cautio: Vorbehalt; Spee, 1982). Von Spee hatte deswegen Ärger mit seinem Orden, stand vor dem Rauswurf, starb aber zuvor konfliktbereinigend bei der pflegerischen Versorgung von Pestkranken. In seiner Cautio wurden die Art der Hexenprozesse, die Fragen, die zur Aufdeckung ihrer Missetaten führten, auch die Arten der Folter und schließlich Hinrichtung beschrieben, ähnlich gestaltet und in Fragen gelistet wie der Hexenhammer. Besonders gegen die Anwendung der Folter wendet sich Spee (Frage 27: *Ob die Folter ein taugliches Mittel ist, die Wahrheit an den Tag zu bringen?* Das verneint er natürlich und belegt das mit dem Hinweis, es sei Unfug zu glauben, jemand, der unschuldig sei, werde lieber die Tortur schweigend erdulden als zu lügen). Bis zu Spee, der natürlich auch nicht sofort Erfolg hatte, wurde allerdings 150 Jahre lang der Hexenhammer mit aller Erbarmungslosigkeit geschwungen.

Welche Leute standen dem Gedanken so nahe, dass sie Menschen federten, räderten, schabten, walzten, streckten, dörrten, brannten, kochten – wegen eines geargwöhnten Hinweises auf Hexerei oder Ketzerei?

Im wegen seines Quellenteils hochgelobten 900-Seiten-Wälzer „Toleranz und Gewalt" versucht der Münsteraner Theologie-Professor Arnold Angenendt (1934-2021) die Gewalt gegen Andersdenkende zu relativieren, insbesondere die menschliche Betroffenheit der Henker und Folterer. Giordano Bruno wird von ihm (2007, S. 285) kurz erwähnt, seine herausragende Haltung zwar gewürdigt, aber sein Tod auf dem Scheiterhaufen in meinen Augen unter „Das machte man früher eben so" abgehandelt.

Es gab aber Menschen, die Bruno Daumenschrauben ansetzten, ihn auf das Rad flochten, ihm Muskeln zerfetzten – warum taten sie es?

Hannah Arendt nennt so etwas die „Banalität des Bösen": Es ist das Verschwinden von Handlungen in gesellschaftlichen Bezügen, die kein Subjekt mehr erlauben. Nicht mehr ein *Ich* handelt, sondern der explizite oder auch nur implizit dargestellte Wille eines Führers (sei es Staatsführer, Papst oder ideeller Leiter) ist wichtig, ein *Ich* handelt in Vollzug dieses Willens. Sie schreibt: „Das größte begangene Böse ist das Böse, das von niemandem getan wurde, das heißt, von menschlichen Wesen, die sich weigern, Personen zu sein" (Arendt, 2015, S. 101). Sie sind keine Subjekte, also Personen mehr, sondern handeln nur auf Anweisung, Befehl oder im guten Glauben. Der Forensiker Robert Simon (2021) bestätigt diese Haltung aus seiner praktischen psychiatrischen Arbeit heraus: „In diesem Buch möchte ich mit dem grundlegenden Irrtum aufräumen, dass Zerstörung und Gewalt auf die Taten böser Menschen beschränkt sind und nicht auch in den Gedanken der guten Menschen vorkommen können" (S. 23).

Für Arendts These gibt es Belege. Der bekannte „Abraham-Versuch" (benannt nach Abraham, der infolge göttlichen Befehls seinen Sohn Isaak töten und opfern wollte) oder „Milgram-Experiment" ist ein solcher Beleg (Milgram, 1982). Freiwillige, die als „Lehrer" in einem Versuch auftraten, das den „Lerneffekt bei Strafe" untersuchen sollte, mussten verdeckten „Lernenden" bei Falschantworten einen Stromschlag steigender Intensität (von 15 bis

450 Volt) geben. Eine Autoritätsperson im weißen Kittel stand neben dem „Lehrer" und forderte ihn beim Zögern auf, weiterzumachen. Der Stromschlag war nur fingiert, wie auch die Schreie und das Flehen der „Lernenden", aufzuhören. Manche der „Lehrer" drehten die Stromschläge bis zum offensichtlichen Tod der „Lernenden". Interessant, dass sich die „Lehrer" nachher auf die Autorität der Leitung beriefen und sehr oft auch die „Lernenden" negativ bewerteten. Insgesamt ist dieser Versuch ein Beleg für die Richtigkeit der Arndtschen Ansichten.

Einen weiteren Beleg gibt es mit dem „Luzifer-Versuch" des amerikanischen Psychologen Philip Zimbardo (2008). Freiwillige wurden durch Zufall in Autoritätspersonen („Wächter") und Untergebene („Gefangene") unterteilt. Den Wächtern wurde völlige Freiheit hinsichtlich einer Behandlung der Gefangenen überlassen. Der Versuch musste nach einiger Zeit abgebrochen werden, weil er aus dem Ruder lief: Quälereien und Demütigungen hatten sich vehement durchgesetzt. Auch Zimbardo bestätigt mit seinem Versuch Hannah Arendt.

Wir finden also Menschen, die in Ausführung von Befehlen oder in Ausübung einer allgemein anerkannten Moral töteten oder folterten. Giordano Bruno hatte 1572 begonnen, Theologie zu studieren, als in der Nacht vom 23. Zum 24. Juni desselben Jahres auf der „Pariser Bluthochzeit" tausende Hugenotten ermordet wurden. Insgesamt sind im Verlauf der „Bartholomäusnacht" 30.000 Menschen ermordet worden. Wie kommt man dazu, statt ausgelassen auf der Hochzeit von Heinrich von Navarra (dem späteren Heinrich IV) und Margarete von Valois zu tanzen, seinem andersgläubigen Nachbarn ein Messer in den Hals zu rammen oder ihn in einem Jauchefass zu ertränken? Es muss eine Disposition vorhanden sein, auf Anordnung oder „weil es alle tun", Verbrechen zu begehen.

Eine Moralumkehr ist eine wichtige Voraussetzung: Zu töten ist falsch und widerspricht offensichtlich dem 5. Gebot, wenn es aber doch geschieht, dann muss es ausdrücklich erlaubt sein. „Du sollst nicht töten" heißt das Gebot in der Tat nicht, sondern eigentlich: „Du sollst nicht gegen das Gebot töten" oder wie Martin Buber übersetzt: „Du sollst nicht morden". Im Alten Testament wurde für alles Mögliche getötet, schon wenn man fluchte, konnte man vor der Gemeinde gesteinigt (Lev, 24, 15) werden oder wenn man ein Kleid „aus zwei Fäden" (also Mischstoffe) trug, konnte man auch getötet werden (Lev. 19,9). Von da war es nur ein kurzer Schritt zur erlaubten Tötung Andersdenkender. Die Inquisition (eigentlich wörtlich: Das Suchen) diente dazu, jemanden auf welche Weise auch immer zu überführen. Um Paolo Sarpi zu töten, fertigten die Jesuiten ein umfangreiches Gutachten für Papst Paul V an, in dem „bewiesen" wurde, dass ihn zu töten rechtmäßig und ein gutes Werk (opus bonum) sei. Diese Moralumkehr kennen wir in allen nichtoffenen Gesellschaften, in denen es als gut geschildert wird, die Eltern zu verraten, Menschen anderen Glaubens oder anderer Überzeugung zu ermorden. Am beispielhaftesten dafür sind Himmlers Posener Reden vom Mai 1943, in der er der SS bestätigt, bei ihren Massenmorden „anständig geblieben" zu sein.

Mit einer Moralverschiebung tritt auch die Trennung von Gut und Böse nicht mehr auf: Menschen zu quälen, zu foltern, zu sterben…? Gut, wenn es höheren Zielen diene.

Gut und Böse können demnach in ihren Folgen durchaus identisch sein.

Wir können also Menschen identifizieren, die Böses tun, die unvorstellbar grausam sein können, die sich aber trotzdem mit sich im Reinen fühlen: Sie haben Gutes getan. Die Moralumkehr ist in meinen Augen einer der wichtigsten Gründe, Böses zu tun.

Eine weitere Bedingung kann durchaus altruistisch sein. Wir können das in Prinzip in Anlehnjung an Noller (2017) das „moralisch" Böse nennen (er spricht vom „moralischen Mord"). Das bekannteste Beispiel liefert Fjodor Dostojewski mit dem Studenten Rodion Raskolnikow. Der ist die Hauptperson seines 1866 erschienenen Romans „Schuld und Sühne" (von Swetlana Geier jetzt als „Verbrechen und Strafe" neu übersetzt). Raskolnikow ist ein mittelloser Student, der, um seine hungernde Mutter und Schwester zu unterstützen, eine herzlose Pfandleiherin ermordet. In ausführlichen Überlegungen plant er die Tat genau und überwindet dadurch auch seine Skrupel. Hier spielt auch nichts Sadistisches eine Rolle, sondern nur der Wunsch seinen Nächsten zu helfen, sei es auch um das Leben einer unsympathischen alten Vettel.

Böses scheint sich auch hier mit Gutem auszutauschen: Was ist was: Die Hilfe seiner vom Hungertod bedrohten Familie, der Mord an einer Pfandleiherin? Raskolnikow hat diese Frage für sich entschieden: Das Böse, der Mord, ist gut, weil er einem moralischen Zweck dient.

Notabene: Dostojewski hat mit seiner in den umfangreichen Roman „Die Brüder Karamasow" eingeschobenen Erzählung „Der Großinquisitor" ein weiteres Paradigma für die Umkehr der Moral genommen. In dieser Geschichte, die der Atheist Iwan Karamasow seinem strenggläubigen Bruder Aljoscha erzählt, kommt Jesus im 16. Jahrhundert (Brunos Zeit!) zurück auf die Welt nach Sevilla, wo er gerade erleben muss, dass hundert Ketzer in einem feierlichen Autodafè qualvoll hingerichtet werden. Jesus macht währenddessen einen Blinden sehend und heilt ein Kind. Das alles wird dem Großinquisitor hinterbracht, der Jesus sofort festsetzen lässt. Er besucht Jesus in seinem Gefängnis und kündigt an, ihn morgen als den schlimmsten aller Ketzer verbrennen zu lassen. Die Menschen hätten ihre Freiheit der Kirche zu Füßen gelegt, die sie nun seit 1.500 Jahre verwalte. Jesus selbst habe kein Recht, diesen Frieden zu stören.

Auch hier: Die Moralumkehr.

(Dostojewski hat übrigens auch Sigmund Freud hinsichtlich der berühmten „Freudschen Fehlleistungen" inspiriert. Freud hat sehr aufmerksam die „Vasenszene" des Fürst Myschkin in „Der Idiot" gelesen: Weil Myschkin Angst hatte, eine wertvolle chinesische Vase seines Gastgebers zu zerstören, ging er dieser Vase ganz weit aus dem Weg, bis er sie mit dem Rücken umstieß, als er durch die Zimmer flüchtete und wieder am Ausgangspunkt eintraf).

Und denken wir an die Attentäter oder Terroristen, die alle im Namen einer größeren Idee, eines Gottes oder wegen einer verlorenen Ehre Menschen umbringen oder quälen: Auch sie töten aus „moralischen Gründen". Ein Attentäter möchte einen verbrecherischen Autokraten auslöschen und damit das Volk befreien, Terroristen sprengen eine

Diskothek, weil ihr Gott sich beleidigt gefühlt haben mag, ein Vater lässt seine Tochter töten, die einen Freund eigener Wahl hat, ein Revolutionär schickt einen Menschen auf das Schafott, weil der für das Volk unnütz sei: Alles ist Böses zu tun eines vermeintlich Guten wegen.

Stammt das Böse aus der Evolution des Menschen? Ist es ableitbar aus seiner Entwicklung?
Konrad Lorenz (1903-1989), Verhaltensforscher und Nobelpreisträger für Medizin 1973, sah in Aggression eine notwendige Haltung für unser Überleben. Für ihn sei das nicht böse, daher nannte er diese Grundaggressivität auch „Das sogenannte Böse" (so der Titel seines bekanntesten Buches). Aggressivität, das Böse mithin, sei ein Teil der Lebenserhaltung.
Eine Gegenposition beziehen Arno Plack und Erich Fromm. Placks „Die Gesellschaft und das Böse" (1967) beschreibt eine gesellschaftliche Infrastruktur (analog zu Marx Überbau und Freuds Über-Ich: die internalisierten Gebote und Forderungen), in der „Kleinkinddressur" und die Förderung von „Erfolgsmenschen" Basis der gesellschaftlichen Entwicklung wurden. Das Böse erscheint auf diesem Weg gar nicht mehr. Es ist aufgegangen in einer Wettbewerbsstruktur der Gesellschaft.

Erich Fromm hat sich ausführlich mit der gesellschaftlichen Aggressivität beschäftigt. „Die Anatomie der menschlichen Destruktivität" ist seine umfangreichste Arbeit überhaupt, sie füllt den gesamten 7. Band der Gesamtausgabe. Vielleicht als Vorarbeit dazu dient die kleine Schrift „Über die Ursprünge der Aggression", die postum 1983 veröffentlicht, wohl aber zeitgleich zur „Anatomie" 1973 geschrieben wurde.

Gleich an den Anfang seiner Anatomie stellt Fromm ein Kapitel „Terminologie". Er wendet sich gegen eine zu simple Definition von Aggression und unterscheidet konstruktive Akte wie Durchsetzungsvermögen von beschützenden Akten wie Notwehr und schließlich rein destruktiven Akten. Vor allem wendet er sich gegen die schlichte Gleichsetzung, die er bei Lorenz findet:

Biologisch notwendige Aggression = angeboren
→ *Destruktivität und Grausamkeit = Aggression*
→ *Aggression = angeboren.*

Fromm unterscheidet zwischen *gutartiger Aggression* (Kapitel 9) und *bösartiger Aggression* (Kapitel 10-12). Mit dem Begriff der *Nekrophilie* bezeichnet eine Hinwendung zum Starren, Toten. Der Ausruf der spanischen Faschisten: „Viva la muerte!" (Es lebe der Tod!) zeigt eine Hinwendung des Gemeinten. Bei der nekrophilen Haltung gebe es eine Liebe zu entmenschlichten Darstellungen. Deswegen zitiert er ausführlich das „Futuristische Manifest" von Filippo Marinetti (S. 312 f). Dort finden sich durchaus verstörende Sätze: „1. Wir wollen die Liebe zur Gefahr besingen ... 4. Ein aufheulendes Automobil, das auf Gewehrgeschossen zu laufen scheint, ist schöner als die Nike von Samothrake ... 7. Schönheit gibt es nur im Kampf. Ein Werk ohne aggressiven Charakter kann kein Meisterwerk sein ..." Und so fort.

Für Fromms Idealismus spricht, dass er sogar in den Milgram- und Stanford-Prison-Versuchen etwas Positives findet. Zum Milgram-Experiment schreibt er angesichts der Verweigerung von einem Drittel der Versuchspersonen als positiv: „Das Vorhandensein eines Gewissens bei den meisten Versuchspersonen und ihr Schmerz darüber, dass der Gehorsam sie zwang, gegen ihr Gewissen zu handeln" (S. 48). Und auch im Stanford-Prison-Versuch sieht er Positives, dass „zwei Drittel der ‚Wärter' keine sadistischen Handlungen zu ihrem persönlichen Vergnügen begingen" waren, scheine zu beweisen, „dass man die Leute nicht so leicht nur mit Hilfe einer geeigneten Situation in Sadisten verwandeln kann" (S. 53).

Das Böse, so Fromm, sei nicht gleichzusetzen mit dem Aggressiven, es sei nicht angeboren und könne sich unter bestimmten Bedingungen entwickeln.

Bisher lässt sich feststellen, dass es Menschen gibt, die in einer Werteumkehr Böses tun, ohne sich vielleicht dessen bewusst zu sein. Natürlich finden wir auch hochpathologisch zu beurteilende Menschen, die Freude am Quälen oder an sadistischen Spielen haben. Aber ganz bewusst sehen wir diese Menschen als „nicht normal", denn nach unseren Vorstellungen ist das nicht normal.

Nicht-tätlich Böses zu tun erscheint oft schwer zu erkennen. Jemanden durch seelische Abhängigkeit zu quälen oder ihn zu Handlungen zu treiben, die ihn selbst schädigen, auch jemanden permanent in Angst und Schrecken zu versetzen, zu kontrollieren, quasi seiner Würde und seiner Freiheit zu berauben ist sehr oft nicht erkennbar. Pathologische Beziehungen zum Beispiel (heute nennen wir sie ja sehr gerne „toxisch") sind häufig nicht offensichtlich.

Das Böse ist kaum positiv zu definieren im Sinne einer Zuschreibung von Eigenschaften oder als Abgrenzung zum Wesen anderer Phänomene. Windelband (1900, S. 202) hat dies in Anlehnung an Plotin dennoch versucht: „Das wahre, eigentliche Böse ($\pi\rho\varpi\tau o\nu\ \kappa\alpha\kappa o\nu$) ist die Materie, die Negation: die Körperwelt darf nur böse genannt werden, weil sie daraus gestaltet ist, sie ist das secundäre Böse ($\delta\epsilon\upsilon\tau\epsilon\rho o\nu\ \kappa\alpha\kappa o\nu$), und den Seelen gebührt das Prädikat böse nur, wenn sie sich der Materie hingeben." Hier hängt Plotin der spätplatonischen Lehre der Zweiteilung in Körper und Seele an. Diese Darstellung bringt uns aktuell nicht viel weiter, weil unsere eigene Welt hiervon kaum berührt zu sein scheint.

„Böse ist das Gegenteil von Güte", wäre eine Definition. Dann stehen wir aber vor der gleichen Frage: Was ist Güte?

Wolf (2011, S. 4 ff) hat in der Einleitung seines Kompendiums sechs Definitionsversuche für Böse aufgelistet. Von „moralisch falsch" über „symbolisches System von Befleckung, Verirrung und Schuld" im Kontext der abrahamitischen Religionen bis „die freie, individuelle und kollektive Entscheidung[en], die dazu führen, anderen Menschen schwere Übel … zuzufügen". Das ist ein gutes Material, sich dem Problem zu nähern, wie es dazu kommen kann, dass Menschen unverrückbar von ihrer Position anderen Menschen solch ungeheuerliche Gräueltaten wie das lebendige Verbrennen und Folter mit den unglaublichsten Folterwerkzeugen antun können.

Es gibt vier Punkte, die das Böse charakterisieren. Zum einen dürfen wir ein Bewusstsein erwarten, dass ihnen in den meisten Fällen die Gewissheit bietet, eben keine sadistischen Quäler zu sein, sondern im Einvernehmen mit Idealen oder dem Glauben das Beste, notfalls auch für die Betroffenen zu wollen (1). Das kann das Herausschneiden der Zunge vor der Hinrichtung betreffen, damit der Delinquent, der gerade seinen Unglauben widerrufen hatte, nicht noch einmal, sein Seelenheil gefährdend, widerrufen kann, das kann das Massaker in einer französischen Diskothek bedeuten oder das Niedermetzeln der norwegischen Jusos durch den Rechtsextremisten Anders Breivik auf der Insel Utøya. Alle glauben, im Recht zu handeln, im Auftrag etwas Größeren.

Als Maßstab für das Böse dürfen wir also grundsätzlich das Bewusstsein annehmen, eben nichts Böses zu tun.

Natürlich wird gerade im Film das Böse als eine Art sui generis dargestellt: Leute, die lachend andere quälen oder töten, die Spaß am Leiden anderer haben. Das können Menschen als Opfer sein, aber auch gerade Tierkämpfe, bei denen Menschen auf Sieg oder Tod wetten, gehören dazu.

Hier trennt aber eine weitere Kategorie, die zum Bösen gehören muss, diese Bereiche: (2) Zum Bösen gehört immer eine Konstanz. Es sind schreckliche Taten, die manche vollbringen oder bei denen sie gruselnd zuschauen, in der Regel sind das aber Einzelerscheinungen. Welche psychischen Desaster den Grund liefern für ein solches Verhalten, mag anderswo zu klären sein. „Das Böse besteht nicht aus punktuellen Entscheidungen, Handlungen und

Unterlassungen, sondern es besteht und persistiert in Wiederholungen, Zyklen und Eskalationsstufen" (Wolf, 2011, S. 86). Und in der Wiederholung kann sich eine Art innere Legitimierung ergeben.

Und ein vielleicht weiteres Kriterium: (3) Das Böse ist immer extrem und exzessiv. Niemand ist *böse*, weil er als Kind die Tapete angemalt hat. Oder richtig böse sind ja auch nicht die Mädchen, die wissen, was sie wollen (Ehrhardt, 2000) und nicht mehr *brav* sind.

Gegen diese mächtigen Gegner musste Giordano Bruno antreten: gegen Menschen, die mit der wahnhaften Gewissheit auftraten, sie tun alles, auch die abscheulichsten Quälereien, im Sinne einer Güte, sie taten dies in einer über einige Jahrhunderte andauernde Konstanz und die Brutalitäten nahmen in einem extremen Ausmaß zu. Warum der Student Pomponius di Algeria, der sich als Lutheraner bekannte, langsam in siedendes Pech getaucht werden musste, erschließt sich niemandem, der nicht in der Gedankenwelt dieser Inquisitoren verhaftet war.

In der Tierwelt lässt sich Grausamkeit als Strafe oder zum Spaß nicht bemerken. Von Nerzen wird en passant berichtet, dass sie unnötig töten, weil gerade einige Gänse da sind. Von Wölfen meinen manche, sie hätten *im Blutrausch* etliche Tiere einer Herde gerissen, ohne sie zu fressen. Hier werden aber menschliche Grundstimmungen Tieren zugerechnet: Einen Blutrausch wie er den skandinavischen Berserkern unterstellt wurde, die sich in Ekstase schrien und ohne Rücksicht auf eigene Verletzungen in den ersten Reihen der Schlachten blind für anderes kämpften, kennen Wölfe nicht. Sie jagen ein Beutetier, reißen es, sehen gleich darauf ein zweites, wissen vom ersten nichts mehr, finden in der Herde, möglicherweise nachdem sie in eine enge umzäunte Koppel eingedrungen sind, weitere und können ihren Jagdtrieb nicht mehr bremsen. Das ist aber nicht böse im gemeinten Sinne.

Wir Menschen sind Erfinder und Täter des Bösen. Denn zum Bösen gehört nicht nur die Absicht, sondern auch die Handlung (4).

Platon widmet sich in seinem Dialog Timaios dem Bösen (es ist übrigens das Buch, das er auf Rafaels Bild „Schule von Athen" sichtbar unter dem Arm trägt). Der Timaios (Platon, 1952, S. 91-191) gehört zu den sogenannten Spät- oder Altersdialogen Platons. Hauptthema des Gespräches von vier Freunden ist der Kosmos und die Entstehung der Welt. Den weitaus größten Anteil des Gesprächs macht ein Monolog des Timaios aus (wohl eine von Platon erfundene Figur, obwohl er sonst gerne historische Gestalten einbaut, die anderen drei Gesprächs-partner entsprechen wirklichen Menschen). In die-sem Vortrag beschäftigt sich Timaios mit der Onto-logie der Welt, also der Seins- und Entwicklungs-lehre. Hier auch schildert Platon noch einmal seine Vorstellungen der Idee: Alles früher „Entstandene" ist nach einem Muster (gr.: $\tau\upsilon\pi o\varsigma$ oder $\iota\delta\varepsilon\alpha$) gebil-det worden, das damit etwas Ewiges habe. Damit ist diese „Idee" ein immerfort bestehendes Urbild. Ist diese „Idee" etwas Ewiges, sei sie gut. Das ist der Kern Platons Ideenlehre oder des auf diese Weise verstandenen Idealismus.

Im Timaios liest sich das so: „Er (Gott, CL) war gut, und in einem Guten entsteht niemals Neid, worauf sich derselbe auch immer beziehen könnte, und, weil frei von diesem, wollte er denn auch, dass alles ihm selbst so ähnlich wie möglich werde" (30A, S. 109). Im Ideellen gibt es demnach keinen Neid und damit Böses, sondern ausschließlich Gutes. Platon lässt Timaios kurz darauf folgendes feststellen: „Da nämlich Gott wollte, dass, soweit es möglich, alles gut und nichts schlecht sei, da er aber alles, was sichtbar war, nicht in Ruhe, sondern in regelloser und ungeordneter Bewegung fand, so führte er es denn aus der Unordnung in die Ordnung hinüber" (30 B).

Platon zusammengefasst, zumindest in der Auslegung seiner diesbezüglich wohl wichtigsten Schrift, ist das Gute von Gott eingesetzt und gewollt. Im Umkehrschluss gibt es kein „Urbild", keine Idee des Bösen. Das Böse ist nicht göttlichen Ursprungs, sondern menschlichen. Was in der Logik der Sache wäre, was Platon aber nicht gesagt hat: Wenn nur die ιδεη einen ewigen, göttlichen Charakter haben, weil sie gut sind, so ist das Böse ohne Urbild eben nicht ewig und könnte irgendwann gelöscht werden. Hierzu äußert sich Platon in seiner Ontologie aber meines Wissens nicht.

Auch die Philosophie der Ethik (einführende Zusammenfassung s. Nida-Rümelin (2005) beschäftigt sich mit Ansätzen, die das Böse herausstellen. In der Regel wird aber auch in dieser Diskussion das Böse dem Guten als Gegenpol gegenübergestellt, eine eigene Wertigkeit wird dem Bösen nicht zugeschrieben.

Es ist also schwierig, das Böse zu definieren.

Karl Jaspers (1971, 1973) hat es versucht. In seiner kleinen Schrift „Einführung in die Philosophie" widmet er sich im Kapitel 5 im Untertitel *Gut und Böse*. Er unterscheidet Gut und Böse auf drei Stufen (1971, S. 47 ff). Stufe 1: „[B]öse ist das Leben des Menschen, das im Bedingten bleibt, daher nur abläuft wie das Leben der Tiere". In der 2. Stufe sieht

Jaspers als böse eine Verkehrung, „dass ich das Gute nur tue, wenn es mir keinen Schaden bringt". Auch das bezeichnet er als (moralisch) böse. Schließlich kommt er zur 3. Stufe: „Als böse gilt erst der Wille zum Bösen, das heißt der Wille zur Zerstörung als solcher, der Antrieb zum Quälen, zur Grausamkeit, zur Vernichtung, der nihilistische Wille zum Verderben von allem, was ist und was Wert hat." Damit beschreibt Jaspers eigentlich ziemlich genau das, was wir im allgemeinen unter dem Bösen verstehen: Zerstörung um des Zerstörens willen.

In der wesentlich umfangreicheren, dreibändigen „Philosophie" beschäftigt Jaspers sich in Band 2 mit der Existenzerhellung. Und auch dort befasst er sich wieder in Kapitel 5 des Zweiten Hauptteils (1973, S. 170 ff) mit dem bösen Willen. Für Jaspers ist das Böse der *Wille zum Nichts*. Das Böse stellt sich hier als Vernichtung und Zerstörung dar, es ist zufrieden, wenn Werte (ideelle oder materielle) zerstört werden.

In fast allen Religionen gab es das Prinzip des Guten und des Bösen, es ging um einen Kampf um die Herrschaft. In der ägyptischen Mythologie ist das nicht ganz so ausgeprägt, denn der dort beschriebene Dualismus betraf in erster Linie nicht die Dichotomie Gut / Böse, sondern war ein Kompositum aus Gegensätzlichem.

Im Judäismus gibt es kein Pendant zum Teufel: Da Gott allmächtig ist, kann es kein zweites Prinzip neben ihm geben.

Im Christentum gilt als Ursünde Evas Griff zur Frucht aus dem verbotenen Baum der Erkenntnis. Diese Handlung war dermaßen böse, dass alle Menschen nach ihr mit der Erbsünde befleckt waren, nur nach dem katholischen Dogma von 1854 (durch Pius IX promulgiert) allerdings Maria nicht: Sie wurde „unbefleckt" empfangen, ohne Anteil an der Ursünde. Dieses Dogma findet in der Bibel keine Begründung, sondern ist abgeleitet aus älteren Glaubenstiteln. Die Ursünde Evas besteht darin, dass sie eine Frucht vom Baum der Erkenntnis aß und sie auch Adam weiterreichte. Gott hatte aber gerade dieses verboten, „Von allen Bäumen des Gartens magst essen du, essen, aber vom Baum der Erkenntnis von Gut und Böse, von dem sollst du nicht essen, denn am Tag, da du von ihm isst, musst sterben du, sterben" (so die Übersetzung nach Martin Buber). Weshalb ein solches Gebot erforderlich war? Es war eben Gottes Wille. Von dem Baum zu essen ist böse! Das hatten Adam und Eva zu verinnerlichen, das mussten sie wissen.

Im Konfirmationsunterricht hatte mich das gestört und völlig unbedarft und ohne jeden Hintersinn hatte ich meinen Pastor gefragt, wie das denn angehen könne: Die Unterscheidung von Gut und

Böse sei doch erst nach dem Essen der Früchte des Baumes möglich. Woher hätten beide denn wissen sollen, was gut und böse ist, was also böse daran ist, von diesem Baum zu essen? Oder kannten sie die Unterscheidung bereits, war ihnen also bewusst, dass sie etwas Böses taten, indem sie davon essen? Dann war es ja kein Vergehen mehr, denn den Unterschied kannten sie ja längst. - Der Unterricht wurde an dieser Stelle vertagt.

Das Böse war jedenfalls nach christlichem Dogma mit der Ursünde in der Welt. Es war ein abgrundtief Böses, das im Widerstreit mit Gott lebte und den Menschen dauernd „versuchte". Personifiziert wurde der Teufel dann nach dem Vorbild des griechischen Waldgotts Pan (dem Erfinder sowohl der Pan-Flöte als auch des panischen Schreckens), der kleine Hörner und Bocksfüße hatte. Der konnte 1:1 übernommen werden.

Aus diesem Ur-Zustand speiste sich die Angst der Kirche vor einem Überhandnehmen nicht genehmigter Glaubenssätze. Denn offiziell war damit nur die Einheit im Glauben betroffen, aber natürlich berührten andere Glaubensinhalte ganz entschieden auch die Machtbasis der Kirche.

Deswegen mag Bruno so unerbittlich verfolgt worden sein. Die Glaubensinhalte verloren im Jahrhundert Brunos immer mehr an Gewicht (charakteristisch: Julius II, Papst 1503-1513, zwar ein

Kunstmäzen, aber auch ein Kriegsherr, der selbst im Kettenhemd in die Schlachten ritt und keine Hemmungen hatte, andere zu töten. Im Sendschreiben „An den christlichen Adel deutscher Nation" nannte Martin Luther ihn deshalb den „Blutsäufer"), aber gerade deswegen mussten sie dogmatisch verfestigt werden und durften keine Einrisse in der Einheit zeigen.

***

Giordano Bruno war vielleicht eine nicht einfach zu nehmende Persönlichkeit. Möglicherweise wäre er uns wegen einer deutlichen Portion Rechthaberei unsympathisch erschienen. Überaus positiv nimmt uns jedoch für ihn ein, dass er gradlinig und erhobenen Kopfes durch das Leben ging. Seine Ideen waren der damaligen Zeit weit voraus. Genauer als Kepler und Galilei beschrieb er die Gesetze des Kosmos mit eben nicht wie bisher angenommen idealkreisförmigen Kreisen, er beschrieb nicht nur das heliozentrische System, sondern entwickelte es weiter, indem er den Sternen ebenfalls einen Sonnencharakter zuschrieb. Er beschrieb die unterschiedlichen Umdrehungsgeschwindigkeiten der Planeten. Er entwickelte philosophische Grundsätze der Ethik und der Toleranz. Letztlich sah er sich einer Macht gegenüber, die, entgegen ihrem eigenen Glauben und entgegen dem höchsten Gebot ihres Gottes („Liebe deinen Nächsten wie dich selbst."), ihn mit unbarmherziger Gewalt und Folter verfolgte.

Giordano Bruno ist von seinen philosophischen Inhalten her als Vorbild zu sehen. Daher hat die Giordano-Bruno-Stiftung ihn zu ihrem Namenspatron erklärt (www.giordano-bruno-stiftung.de). In geistiger Nähe dazu befindet sich die Erich-Fromm-Gesellschaft (www.fromm-gesellschaft.eu). Beide Zusammenschlüsse setzen sich für eine tolerante, offene und restriktionsfreie Gesellschaft ein. Insofern bekämpfen beide: Das Böse.

Literatur

Angenendt, Arnold: Toleranz und Gewalt, das Christentum zwischen Bibel und Schwert. Münster: 2009, Aschendorff

Arendt, Hannah: Über das Böse. Eine Vorlesung zu Fragen der Ethik. München: 2015[10], Piper

Arndt, Andrea; Thurid **Bender** (Hg.): Das Böse denken. Tübingen: 2021, Mohr Siebeck

Baudrillard, Jean: Die Intelligenz des Bösen. Wien: 2010[2], Passagen (Orig. Paris: 2004, Galilée)

Bergfeld, Max: Giordano Bruno. Die Unsterblichen Bd. 5. Berlin: 1929, Verlag Deutsche Bibliothek

Besant, Annie; Peter **Michel**: Giordano Bruno. Ein Kämpfer für die Freiheit des Geistes. Grafing: 2000, Aquamarin-Verlag

Billicsich, Friedrich: Problem des Übels. Bd. 1: Von Plato bis Thomas von Aquino, Bd. 2: Von Eckehard bis Hegel. Wien: 1952, Sexl

Blom, Philipp: Böse Philosophen. München: 2022[9], dtv

Blum, Paul Richard (Hg.): Philosophie der Renaissance. Darmstadt: 1999, Wissenchaftl. Buchgesellschaft

Bohrer, Karl-Heinz: Imaginationen des Bösen. München: 2004, Hanser (Edition Akzente)

Bruno, Giordano: Gesammelte Werke. Bd. 1-6. Übersetzt und hgg. von Ludwig Kuhlenbeck. Leipzig, Diederichs, 1904-1907

---, Opere di Giordano Bruno. Ora per la prima volte raccolte e pubblicate da Alfredo Wagner. Lipsia (= Leipzig): 1830, Weidmann. Nachdruck Legare Street Press.

---, Heroische Leidenschaften und individuelles Leben. Auswahl seiner Schriften, hgg. Von Ernesto Grassi. Reinbek: 1957, Rowohlt

---, Über die Ursache, das Prinzip und das Eine. Stuttgart: 1986, Reclam

---, Die Kabbala des Pegasus. Hamburg: 2000, Meiner

Bütow, Friedhelm: Giordano Bruno und sein Weltbild. Damals 9: 1977, 803-830

de Candia, Gianluca: Der Anfang als Freiheit. Der Denkweg von Massimo Cacciari im Spannungsfeld von Philosophie und Theologie. Freiburg: 2019, Alber

Casanova, Giacomo: Geschichte meines Lebens. Zwölf Bände. Berlin: 1985, Propyläen

Cassirer, Ernst: Individuum und Kosmos in der Philosophie der Renaissance. Nachdruck der Ausgabe von 1927. Hamburg: 2013, Felix Meiner

Chamberlain, Houston Stewart: Die Grundlagen des XIX. Jahrhunderts. 2 Bände. München: 1907, F. Bruckmann

Donà dalla Rose, Gianmaria: L'Antipapa veneziano. Vita del Doge Leonardo Donà. Firenze: 2019, Giunti

Drewermann, Eugen: Giordano Bruno. München: 1992, Kösel

Driesmans, Heinrich: Kulturgeschichte der Rasseninstinkte. 2. Teil: Die Wahlverwandtschaften der deutschen Blutmischung. Leipzig: 1901: Diederichs.

---, Ehrgeist und Wehrgeist. Deutsche Kultur 1: 1906, 645-648

Dumler, Heinrich: Venedig und die Dogen. Düsseldorf: 2001, Patmos

Emersleben, Otto: Nichts Neues unter der Sonne. Historische Erzählung um Giordano Bruno. Berlin (Ost): 1986[2], Evangelische Verlagsanstalt

Ehrhardt, Ute: Gute Mädchen kommen in den Himmel – böse überall hin. Frankfurt: 2000 (Neuausgabe), Fischer Tb.

Eusterschulte, Anne: Giordano Bruno zur Einführung. Hamburg: 1997, Junius

Ferzak, Franz: Giordano Bruno. Neuenhinzenhausen: 1996, FFWASP

Filippini, Serge: Der Ketzer vom Campo die fiori. Berlin: 1999, Aufbau Taschenbuch Verlag (or.: Paris: 1990, Edition Phébus)

Flasch, Kurt: Das philosophische Denken des Mittelalters. Stuttgart: 1986, Reclam

---, Nikolaus von Kues. Geschichte einer Entwicklung. Frankfurt: 2008³, Vittorio Klostermann

Fromm, Erich: Anatomie der menschlichen Destruktivität. 1973. Gesamtausgabe Bd. 7, Stuttgart: 1980, DVA

---, Über die Ursprünge der Aggression. 1973, 1983, Gesamtausgabe Bd. 11, S. 349-364, Stuttgart: 1999, DVA

Gentile, Giovanni: Giordano Bruno nella storia della cultura. Forli: 2022, Capire Edizioni

Greenblatt, Stephen: Die Wende. Wie die Renaissance begann. München: 2013, Pantheon (Or.: New York, 2011, Norton).

Groce, Abel: Giordano Bruno. Der Ketzer von Nola. Wien: 1970, Europäischer Verlag

Guanzini, Isabella: Anfang und Ursprung. Massimo Cacciari und Hans Urs von Balthasar. Regensburg: 2016, Pustet.

Guerri, Giordano Bruno: Antistoria degli italiani. Da Romolo a Grillo. Milano: 2018, La Nave di Teseo

Hoffmann, Thomas Sören: Giordano Bruno. Bonner Philosophische Vorträge und Studien. Bonn: 2000, Bouvier

Jacobi, Klaus: Nikolaus von Kues. Freiburg: 1979, Alber

Jaspers, Karl: Einführung in die Philosophie. München: 1971²¹, Piper

---, Philosophie. Band 2: Existenzerhellung. Heidelberg: 1973⁴, Springer

Keazor, Henry: Raffaels Schule von Athen. Berlin: 2021, Wagenbach.

Kirchhoff, Jochen: Giordano Bruno. Reinbek: 1980, Rowohlt

Kolbenheyer, E.G.: Heroische Leidenschaften. Die Tragödie des Giordano Bruno in drei Teilen. München: 1929, Müller.

Kuhlenbeck, Ludwig: Bruno, der Märtyrer der neuen Weltanschauung. Leipzig: 1899², Dieter

Kuhn, Thomas S.: Die Struktur wissenschaftlicher Revolutionen. Frankfurt; 1973², Suhrkamp (or.: Chicago: 1962, 1970, University of Chicago Press)

Lorenz, Konrad. Das sogenannte Böse. München: 1998, dtv

Milgram, Stanley: Das Milgram-Experiment. Reinbek: 1982: rororo

Miesen, Karl-Jürgen: Friedrich Spee. Priester, Dichter, Hexenanwalt. Düsseldorf: 1987, Droste

da Mosta, Andrea: I Dogi di Venezia. Firenze: 2003, Giunti

Neiman, Susan: Das Böse denken. Eine andere Geschichte der Philosophie. Berlin: 2004, Suhrkamp (Or.: Princeton University Press, 2002)

Neuer, Peter: Der lange Schatten des I. Vatikanums. Freiburg: 2019, Herder

Nida-Rümelin, Julian (Hg.): Angewandte Ethik. Stuttgart: 2005², Kröner

Nigg, Walter: Das Buch der Ketzer. Zürich: 1949, Artemis

Nikolaus von Kues: Philosophisch-theologische Werke, lateinisch-deutsch. 4 Bände. Darmstadt: 2002, WBG

Noller, Jörg: Theorien des Bösen. Hamburg: 2017, Junius

Oswald, Stefan: Die Inquisition, die Lebenden und die Toten. Schriftenreihe des Deutschen Studienzentrums in Venedig, Bd. 6, Sigmaringen: 1989, Thorbecke.

Piccolomini, Enea Silvio: Eine Liebesgeschichte. Zürich: 1984, Artemis

Pico della Mirandola, Giovanni: Über die Würde des Menschen / De hominis dignitate. Lat./Dt. Hamburg: 1990, Meiner

---, Kommentar zu einem Lied der Liebe. It./Dt. Hamburg: 2011, Meiner

---, Neunhundert Thesen. Lat./Dt. Hamburg: 2018, Meiner

Plack, Arno: Die Gesellschaft und das Böse. München: 1967, List

---, Der Mythos vom Aggressionstrieb. München: 1971, List

---, Ohne Lüge leben. Zur Situation des einzelnen in der Gesellschaft. Stuttgart: 1976, DVA

Platon: Sämtliche Werke. Band 3. Heidelberg: 1952, Schneider.

Prechtl, Robert: Giordano Bruno und Galilei. München: 1947, Kurt Desch

Reinhardt, Volker: Pius II – Der Papst, mit dem die Renaissance begann. München: 2013, Beck

Rexroth, Frank: Fröhliche Scholastik. München: 2018, C.H.Beck

Ricoeur, Paul: Das Böse. Zürich: 2006, Theologischer Verlag

Rimentano, Giovanni Battista: Multidimensionalità, Psiche e Cosmo in Giordano Bruno. Lavis: 2022, La Finestra Editrice

de Robertis, Francesca: I Documenti sulla Morte di Giordano Bruno. Bologna: 2021, Mulino

Safranski, Rüdiger: Das Böse oder: Das Dilemma der Freiheit, München: 1997, Hanser

Sarpi, Paolo: Istoria del concilio Tridentino. 4 Volumi. Firenze: 1858, Barbera Bianchi & Comp.

---, Trattato di Pace et Accommodamento. Lecce: 2019, Argo

Scherzinger, Klaus: Giordano Bruno. Märtyrer der Gedankenfreiheit. Berlin: 2017, Vergangenheitsverlag

Schmidt, Burghart: Zeitökonomie des Individualismus. Giordano Bruno und die Folgen. Wien: 1996, Edition Splitter-

Sieck, Annerose: Mystikerinnen. Biographien visionärer Frauen. Köln: 2015, Anaconda

Simon, Robert I.: Die dunkle Seite der Seele. Psychologie des Bösen. Bern: 2021², Huber

v. Spee, Friedrich: Cautio criminalis oder: Rechtliche Bedenken wegen der Hexenprozesse. München: 1982, dtv

Sprenger, Jakob; Heinrich Institoris: Der Hexenhammer. München: 1982, dtv

Stangneth, Bettina; Böses Denken. Reinbek: 2022, Rowohlt

v. Stein, Heinrich: Giordano Bruno. Gedanken über seine Lehre und sein Leben. Neu herausgegeben zum dreihundertjährigen Gedenktage der Verbrennung Giordano Brunos. Leipzig: 1900, Meyer. Als Faksimile: Bremen: 1982, Faksimile-Verlag

Wehr, Gerhard: Giordano Bruno. München: 1999, dtv

Wildgen, Wolfgang: Der Philosoph und sein Richter: Giordano Bruno und Roberto Bellarmin. Vortrag an der Universität Bremen 2007:   www.fb10.uni-bremen.de/homepages/wildgen.ppt/ BrunoBellarmin.ppt, Zugriff 1.3.2023

Windelband, Wilhelm: Geschichte der Philosophie. Tübingen: 1900^2, J.C.B. Mohr

Wolf, Jean-Claude: Das Böse. Berlin: 2011, de Gruyter

Zimbardo, Philip: Der Luzifer-Effekt. Die Macht der Umstände und die Psychologie des Bösen. Heidelberg: 2008, Spektrum (Org. New York, 2007)

Die Essays

CALIGULA – Von Macht und Ohnmacht.
Caligula gilt als der Prototyp des wahnsinnigen Caesars. Dabei ist er ein Opfer vor allem seiner Biographen. Wer ein Leben immer an den Grenzen von totaler Ohnmacht und völliger Macht führt, kann sich nicht wie ein preußischer Normalbürger verhalten.
2021, ISBN 9783755717324

HATSCHEPSUT – Von Liebe und Gleichgültigkeit.
Die ägyptische Königin, die den Titel Pharao erfand, die als Frau einen fast nur Männern vorbehaltenen Thron besteigt und gewaltige Bauwerke schafft. Warum hat sie eine jahrtausendealte Tradition gebrochen und ist zur Königin aufgestiegen? Aus Liebe. Aus Liebe zu ihrer Familie.
2021, ISBN 9783755716990

ANTONIO GRAMSCI – Von Hegemonie und Geist.
Antonio Gramsci ist wegen seiner unermüdlichen politischen Arbeit bekannt, er schrieb die „Gefängnis-Hefte". Während seiner Zeit in Mussolinis Gefängnis schrieb er ausdauernd und entwickelte eine Theorie der politischen Hegemonie. Gramsci überlebte die Haft nur für wenige Tage.
2021, ISBN 9783754322611

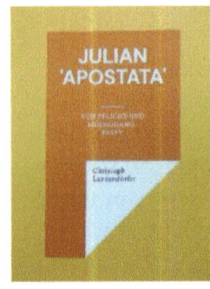

JULIAN ‚APOSTATA' – Von Pflicht und Müßiggang.

Julian ‚Apostata' gilt als Abtrünniger vom christlichen Glauben. Er war der letzte pagane Kaiser Roms, der heidnische Kulte förderte. Deswegen wurde er zum Hassobjekt der Kirche. Julian war hochgebildet, er war ein Kaiser ohne Allüren, der mit den Soldaten zusammen lebte und seine Gesetzestexte selbst formulierte. Er verzichtete auf Ausschweifungen und Pomp, die Palastorgien waren ihm ein Graus. Er starb auf einem Feldzug, von seinen eigenen christlichen Truppen ermordet. Er war einer der ganz wenigen pflichtbewussten Kaiser Roms.

2022, ISBN 9783755799580

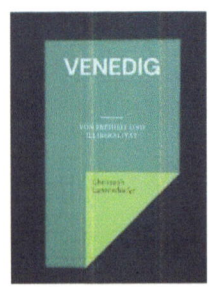

VENEDIG – Von Liberalität und Illiberalität

Venedig gilt einerseits als die Stadt des Massentourismus, vergiftet durch die schiere Menge der sich durch die Gassen schiebenden Massen. Andererseits ist Venedig durch seine Geschichte die Stadt der Freiheit und des Wir-Gefühls. Fundamente in eine Gegend ohne Fundamente zu legen, geht nur im Gemeinsinn: Das Wir entscheidet. Deswegen erfand Venedig die staatliche Liberalität für seine Bürger.

2022, ISBN 9783756224746